Mr D'HEMERY

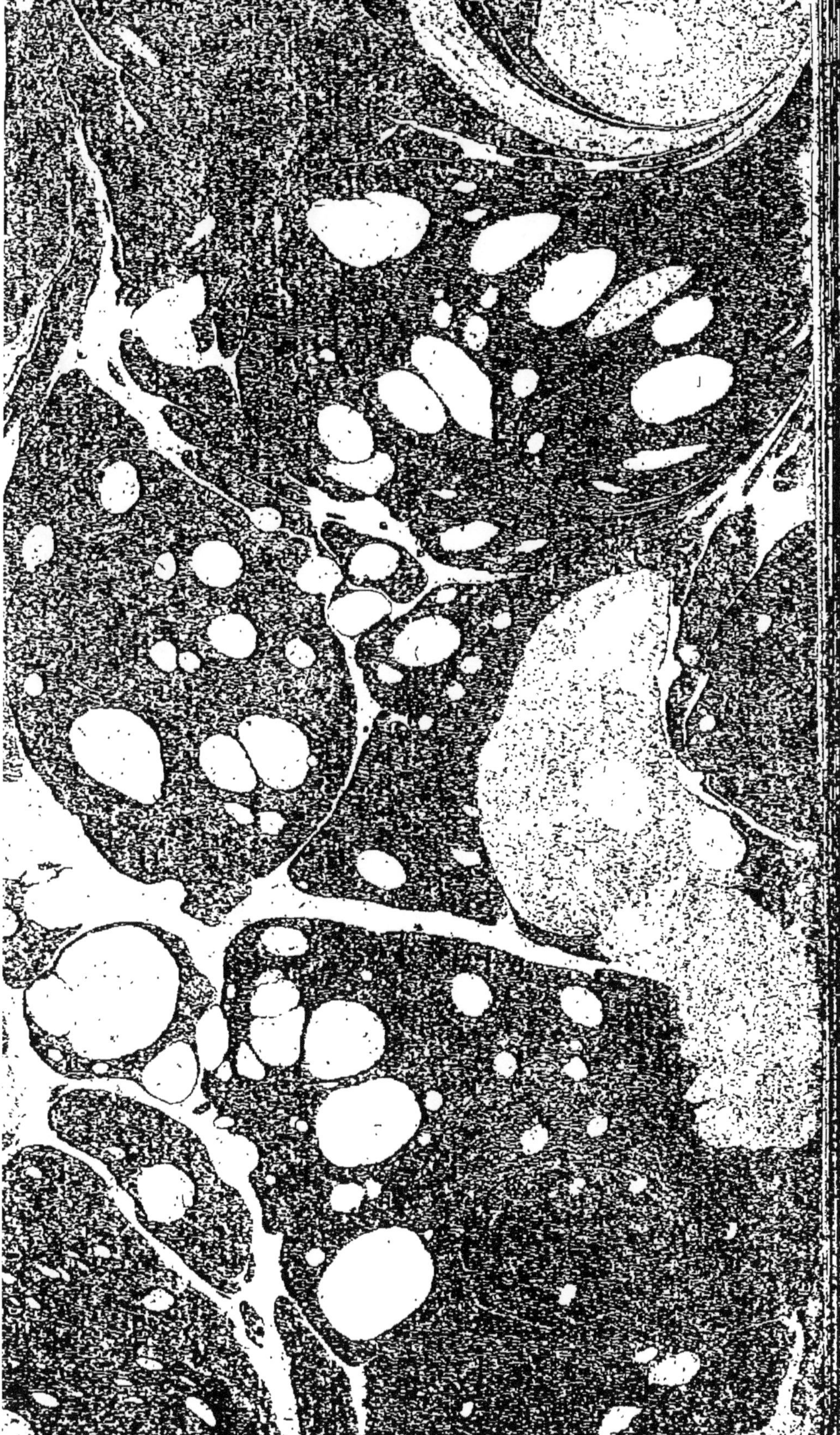

Les Contes de M. Perrault d'Armancourt fils de celuy de l'Academie françoise ont été imprimés pour la 1ere fois en 1697. Ils sont très connus des Enfants. Ladroitte princesse ou avantures de finette ne se trouve point dans les premieres éditions

---

On trouve dans le 2. tom. de la bibliotheq. de Campagne 1749. 18 vol. Ines de Cordoüe dans laquelle est un Conte de fées intit.é Riquet à la houpe qui n'est point le même que celuy de Perrault quoyque le fond du Conte soit à peuprès le même.

HISTOIRES
OU
CONTES
DU TEMS PASSÉ,

Avec des Moralités ;

Par M. PERRAULT.

Nouvelle Edition augmentée d'une Nouvelle, à la fin.

A LA HAYE.

M. DCC. XLII.

A MADEMOISELLE.

MADEMOISELLE,

On ne trouvera pas étrange qu'un Enfant ait pris plaisir à composer les Contes de ce Recueil ; mais on s'étonnera qu'il ait eu la hardiesse de vous le présenter. Cependant, MADEMOISELLE, *quelque disproportion qu'il y ait entre la simplicité de ces Récits, & les lumieres de votre esprit, si on examine bien les Contes, on verra que je ne suis pas aussi blâmable que je le parois d'abord. Ils renferment tous une Morale très-sensée, & qui se découvre plus ou moins, selon le dégré de pénétration de ceux qui les lisent ; d'ail-*

d'ailleurs, comme rien ne marque tant la vaste étendue d'un esprit, que de pouvoir s'élever en même tems aux plus grandes choses, & s'abaisser aux plus petites; on ne sera point surpris que la même Princesse, à qui la Nature & l'éducation ont rendu familier ce qu'il y a de plus élevé, ne dédaigne pas de prendre plaisir à de semblables bagatelles. Il est vrai que ces Contes donnent une image de ce qui se passe dans les moindres Familles, où la louable impatience d'instruire les enfans, fait imaginer des Histoires dépourvues de raison, pour s'accommoder à ces mêmes enfans qui n'en ont pas encore; mais à qui convient-il mieux de connoître comment vivent les Peuples, qu'aux Personnes que le Ciel destine à les conduire? Le désir de cette connoissance a poussé des Heros de votre Race, jusques dans des huttes & des cabanes, pour y voir de près & par eux-mêmes ce qui s'y passoit de plus particulier: cette connoissance leur ayant paru nécessaire

pour

pour leur parfaite instruction. Quoi qu'il en soit, MADEMOISELLE,

Pouvois-je mieux choisir pour rendre vrai-semblable
Ce que la Fable a d'incroyable ?
Et jamais Fée au tems jamais,
Fit-elle à jeune Créature,
Plus de dons, & de dons exquis
Que vous en a fait la Nature !

Je suis avec un très-profond respect,

MADEMOISELLE,

De Votre Altesse Royale,

Le très-humble & très-obéissant serviteur,

P. DARMANCOUR.

TABLE

Des Contes de ce Recueil.

LE

LE PETIT CHAPERON ROUGE.

CONTE.

L étoit une fois une petite fille de Village, la plus jolie qu'on eût ſçû voir : ſa Mere en étoit folle, & ſa Mere grand plus folle encore. Cette bonne femme lui fit faire un petit Chaperon rouge, qui lui ſeyoit ſi bien, que par tout on l'appelloit le petit Chaperon rouge.

Un jour ſa Mere ayant fait des

galettes, lui dit, va voir comment se porte ta Mere grand; car on m'a dit qu'elle étoit malade : porte-lui une galette & ce petit pot de beure. Le petit Chaperon rouge partit aussitôt pour aller chez sa Mere grand, qui demeuroit dans un autre Village. En passant dans un bois elle rencontra compére le Loup, qui eut bien envie de la manger; mais il n'osa, à cause de quelques bucherons qui étoient dans la forêt. Il lui demanda où elle alloit : la pauvre enfant qui ne sçavoit pas qu'il étoit dangereux de s'arrêter à écouter un Loup, lui dit, je vais voir ma Mere grand, & lui porter une galette avec un petit pot de beure que ma Mere lui envoye. Demeure-t-elle bien loin, lui dit le Loup? Oh oüi, dit le petit Chaperon rouge; c'est par de-là le Moulin que vous voyez tout là-bas, là-bas, à la premiere maison du Village. Et bien dit le Loup, je veux l'aller voir aussi; je m'y en vais par ce chemin-ci, & toi par ce chemin-là, & nous verrons à qui plutôt y sera. Le Loup se mit à courir de toute sa force par le chemin qui étoit le plus court; & la petite fille s'en alla par le chemin le plus long,

s'as'amusant à cueillir des noisettes, à courir après des papillons, & à faire des bouquets de petites fleurs qu'elle rencontroit. Le Loup ne fut pas long-tems à arriver à la maison de la Mere grand; il heurte : Toc, toc, qui est là ? C'est votre fille le petit Chaperon rouge, dit le Loup, en contrefaisant sa voix, qui vous apporte une galette, & un petit pot de beure que ma Mere vous envoye. La bonne Mere grand qui étoit dans son lit à cause qu'elle se trouvoit un peu mal, lui cria, tire la chevillette, la bobinette cherra : le Loup tira la chevillette, & la porte s'ouvrit. Il se jetta sur la bonne femme, & la dévora en moins de rien; car il y avoit plus de trois jours qu'il n'avoit mangé. Ensuite il ferma la porte & s'alla coucher dans le lit de la Mere grand, en attendant le petit Chaperon rouge, qui quelque tems après vint heurter à la porte. Toc, toc, qui est-là ? Le petit Chaperon rouge qui entendit la grosse voix du Loup eut peur d'abord : mais croyant que sa Mere grand étoit enrhumée, répondit, c'est votre fille le petit Chaperon rouge, qui vous apporte une galette & un petit pot de beure que ma Mere vous en voye. Le Loup lui cria, en adouciſſant un peu ſa voix ; tire la chevillette, la bobinette cherra. Le petit Chaperon rouge tira la chevillette, & la porte s'ouvrit. Le Loup la voyant entrer, lui dit en ſe cachant dans le lit ſous la couverture : mets la galette & le petit pot de beure ſur la huche, & viens te coucher avec moi. Le petit Chaperon rouge ſe deshabille, & va ſe mettre dans le lit, où elle fut bien étonnée de voir comment ſa Mere grand étoit faite en ſon deshabillé. Elle lui dit, ma Mere grand, que vous avez de grands bras ! c'eſt pour mieux t'embraſſer, ma fille : ma Mere grand, que vous avez de grandes jambes ! c'eſt pour mieux courir, mon enfant : ma Mere grand, que vous avez de grandes oreilles ! c'eſt pour mieux écouter, mon enfant : ma Mere grand, que vous avez de grands yeux ! c'eſt pour mieux voir, mon enfant. Ma Mere grande que vous avez de grandes dents ! c'eſt pour te manger. Et en diſant ces mots, ce méchant Loup ſe jetta ſur le petit Chaperon rouge, & la mangea.

MORALITÉ.

ON voit ici que des jeunes enfans,
Sur-tout de jeunes filles,
Belles, bien-faites, & gentilles,
Font très-mal d'écouter toutes sortes de gens,
Et que ce n'est pas chose étrange,
S'il en est tant que le Loup mange.
Je dis le Loup, car tous les Loups
Ne sont pas de la même sorte;
Il en est d'une humeur accorte,
Sans bruit, sans fiel & sans couroux,
Qui privés, complaisans & doux
Suivent les jeunes Demoiselles,
Jusques dans les maisons, jusques dans les ruelles.
Mais helas! qui ne sçait que ces Loups doucereux,
De tous les Loups sont les plus dangereux?

LES FÉES.

CONTE.

IL étoit une fois une Veuve qui avoit deux filles : l'aînée lui ressembloit si fort & d'humeur & de visage, que qui la voyoit, voyoit la Mere. Elles étoient toutes deux si désagréables & si orgueilleuses, qu'on ne pouvoit vivre avec elles. La cadette qui étoit le vrai portrait de son Pere pour la douceur & pour l'honnêteté, étoit avec cela une des plus belles filles qu'on eût sçu voir. Comme on aime naturellement son semblable, cette mere étoit folle de sa fille aînée, & en même tems avoit une aversion

2

sion effroyable pour la cadette. Elle la faisoit manger à la cuisine & travailler sans cesse.

Il falloit entre autre chose, que cette pauvre enfant allât deux fois le jour puiser de l'eau à une grande demie-lieue du logis, & qu'elle en raportât plein une grande cruche. Un jour qu'elle étoit à cette Fontaine, il vint à elle une pauvre femme qui la pria de lui donner à boire. Oui-da, ma bonne mere, dit cette belle fille ; & rinsant aussitôt sa cruche, elle puisa de l'eau au plus bel endroit de la Fontaine, & la lui présenta, soutenant toujours la cruche, afin qu'elle bût plus aisément. La bonne femme ayant bû, lui dit, vous êtes si belle, si bonne, & si honnête, que je ne puis m'empêcher de vous faire un don, (car c'étoit une Fée qui avoit pris la forme d'une pauvre femme de Village, pour voir jusqu'où iroit l'honnêteté de cette jeune fille.) Je vous donne pour don, poursuivit la Fée, qu'à chaque parole que vous direz, il vous sortira de la bouche ou une Fleur, ou une Pierre précieuse. Lorsque cette belle Fille arriva au logis, sa Mere la gronda de revenir si tard de la Fontaine. Je vous demande pardon, ma mere, dit cette pauvre fille, d'avoir tardé si long-tems; & en disant ces mots il lui sortit de la bouche deux Roses, deux Perles, & deux gros Diamans. Que vois-je là, dit sa Mere toute étonnée? je crois qu'il lui sort de la bouche des Perles & des Diamans: d'où vient cela, ma fille? (ce fut-là la premiére fois qu'elle l'appella sa fille.) La pauvre enfant lui raconta naïvement tout ce qui lui étoit arrivé, non sans jetter une infinité de Diamans. Vrayement, dit la Mere, il faut que j'y envoye ma fille: tenez, Fanchon; voyez ce qui sort de la bouche de votre sœur quand elle parle: ne seriez-vous pas bien aise d'avoir le même don? Vous n'avez qu'à aller puiser de l'eau à la Fontaine, & quand une pauvre femme vous demandera à boire, lui en donner bien honnêtement. Il me feroit beau voir, répondit la brutale, aller à la Fontaine: je veux que vous y alliez, reprit la Mere, & tout à l'heure. Elle y alla, mais toujours en grondant. Elle prit le plus beau Flacon d'argent qui fût dans le logis. Elle ne fut pas plûtôt arrivée à la Fontaine, qu'elle vit sortir du Bois une Dame magnifiquement vêtue, qui vint lui demander à boire: c'étoit la même Fée qui avoit apparu à sa sœur, mais qui avoit pris l'air & les habits d'une Princesse, pour

voir

voir jusqu'où iroit la malhonnêteté de cette fille. Est-ce que je suis ici venue, lui dit cette brutale orgueilleuse, pour vous donner à boire? justement, j'ai apporté un Flacon d'argent tout exprès pour donner à boire à Madame. J'en suis d'avis ; buvez à même si vous voulez. Vous n'êtes gueres honnête, reprit la Fée, sans se mettre en colère : & bien, puisque vous êtes si peu obligeante, je vous donne pour don, qu'à chaque parole que vous direz, il vous sortira de la bouche ou un serpent ou un crapaud. D'abord que sa mere l'apperçut elle lui cria, Hé bien, ma fille! Hé bien, ma Mere, lui répondit la brutale, en jettant deux vipéres & deux crapaux. O! Ciel, s'écria la Mere, que vois-je là? c'est sa sœur qui en est cause, elle me le payera ; & aussitôt elle courut pour la battre. La pauvre enfant s'enfuit, & alla se sauver dans la Forêt prochaine. Le fils du Roi qui revenoit de la chasse, la rencontra, & la voyant si belle, lui demanda ce qu'elle faisoit là toute seule, & ce qu'elle avoit à pleurer. Helas! Monsieur, c'est ma Mere qui m'a chassée du logis. Le fils du Roi qui vit sortir de sa bouche cinq ou six perles & autant de Diamans, la pria de lui dire d'où cela lui venoit. Elle lui

 conta

conta toute son avanture. Le fils du Roi en devint amoureux, & considérant qu'un tel don valoit mieux que tout ce qu'on pouvoit donner en mariage à une autre, l'emmena au Palais du Roi son pere, où il l'épousa. Pour sa sœur elle se fit tant haïr, que sa propre Mere la chassa de chez elle, & la malheureuse après avoir bien couru sans trouver personne qui voulût la recevoir, alla mourir au coin d'un Bois.

MORALITÉ.

Les Diamans & les Pistoles,
Peuvent beaucoup sur les esprits :
Cependant les douces paroles
Ont encor plus de force, & sont d'un plus grand prix.

AUTRE MORALITÉ.

L'Honnêteté coute des soins,
Et veut un peu de complaisance.
Mais tôt ou tard elle a sa récompense,
Et souvent dans le tems qu'on y pense le moins.

LA BARBE BLEUE. CONTE.

IL étoit une fois un homme qui avoit de belles maisons à la Ville & à la Campagne, de la vaisselle d'or & d'argent, des meubles en broderie, & des carosses tout dorés; mais par malheur cet homme avoit la Barbe bleue : cela le rendoit si laid & si terrible, qu'il n'étoit ni femme ni fille qui ne s'enfuît de devant lui. Une de ses voisines, Dame de qualité, avoit deux filles parfaitement belles. Il lui en demanda une en Mariage, en lui laissant le choix de celle qu'elle voudroit lui donner. Elles n'en vouloient point toutes deux, & se le renvoyérent l'une à l'autre, ne pouvant se résoudre à prendre un homme qui eût la Barbe bleue. Ce qui les dégoûtoit encore, c'est qu'il avoit déja épousé plusieurs femmes, & qu'on ne sçavoit ce que ces femmes étoient devenues. La Barbe bleue pour faire connoissance les mena avec leur Mere, & trois ou quatre de leurs meilleures amies, & quelques jeunes gens du voisinage, à une de ses maisons de Campagne, où on demeura huit jours entiers. Ce n'étoit que promenades, que parties de Chasse & de Pêche, que danses & festins, que colations : on ne dormoit point, & on paissoit toute la nuit à se faire des malices les uns les autres ; enfin tout alla si bien, que la cadette commença à trouver que le maitre du logis n'avoit plus la barbe si bleue, & que c'étoit un fort honnête homme. Dès qu'on fut de retour à la Ville, le mariage se conclut. Au bout

bout d'un mois, la Barbe bleue dit à sa femme, qu'il étoit obligé de faire un voyage en Province de six semaines au moins, pour une affaire de conséquence ; qu'il la prioit de se bien divertir pendant son absence ; qu'elle fit venir ses bonnes amies, qu'elle les menât à la Campagne si elle vouloit, que par tout elle fit bonne chére. Voilà, lui dit-il, les clefs de deux grands garde-meubles : voilà celles de la vaisselle d'or & d'argent qui ne sert pas tous les jours : voilà celles de mes coffres forts, où est mon or & mon argent, celles des cassettes où sont mes pierreries ; & voilà le passe par-tout de tous les appartemens. Pour cette petite clef-ci, c'est la clef du cabinet au bout de la grande gallerie de l'appartement bas : ouvrez tout, allez par tout ; mais pour ce petit cabinet je vous défens d'y entrer, & je vous le défens de telle sorte, que s'il vous arrive de l'ouvrir, il n'y a rien que vous ne deviez attendre de ma colére. Elle promit d'observer exactement tout ce qui lui venoit d'être ordonné ; & lui après l'avoir embrassée, il monte dans son carosse & part pour son voyage. Les voisines & les bonnes amies n'attendirent pas qu'on les envoyât querir pour aller chez la jeune Mariée, tant elles avoient d'impatience de voir toutes les richesses de sa maison, n'ayant osé y venir pendant que le Mari y étoit, à cause de sa Barbe bleuë qui leur faisoit peur. Les voilà aussitôt à parcourir les chambres, les cabinets, les garderobes, toutes plus belles & plus riches les unes que les autres. Elles montérent ensuite aux garde-meubles, où elles ne pouvoient assez admirer le nombre & la beauté des tapisseries, des lits, des sofas, des cabinets, des guéridons, des tables & des miroirs, où l'on se voyoit depuis les pieds jusqu'à la tête, & dont les bordures les unes de glace, les autres d'argent & de vermeil doré, étoient les plus belles & les plus magnifiques qu'on eût jamais vûes : elles ne cessoient d'exagérer & d'envier le bonheur de leur amie, qui cependant ne se divertissoit point à voir toutes ces richesses, à cause de l'impatience qu'elle avoit d'aller ouvrir le cabinet de l'appartement bas. Elle fut si pressée de sa curiosité, que sans considérer qu'il étoit malhonnête de quitter sa compagnie, elle descendit par un escalier dérobé, & avec tant de précipitation, qu'elle pensa se rompre le cou

deux

deux ou trois fois. Etant arrivée à la porte du cabinet, elle s'y arrêta quelque temps, ſongeant à la défenſe que ſon Mari lui avoit faite, & conſidérant qu'il pourroit lui arriver malheur d'avoir été déſobéïſſante; mais la tentation étoit ſi forte qu'elle ne put la ſurmonter: elle prit donc la petite clef, & ouvrit en tremblant la porte du cabinet. D'abord elle ne vit rien, parce que les fenêtres étoient fermées; après quelques momens elle commença à voir que le plancher étoit tout couvert de ſang caillé, dans lequel ſe miroient les corps de pluſieurs femmes mortes & attachées le long des murs. C'étoient toutes les femmes que la Barbe bleuë avoit épouſées, & qu'il avoit égorgées l'une après l'autre. Elle penſa mourir de peur, & la clef du cabinet qu'elle venoit de retirer de la ſerrure lui tomba de la main: après avoir un peu repris ſes eſprits, elle ramaſſa la clef, referma la porte, & monta à ſa chambre pour ſe remettre un peu; mais elle n'en pouvoit venir à bout, tant elle étoit émue. Ayant remarqué que la clef du cabinet étoit tachée de ſang, elle l'eſſuya deux ou trois fois; mais le ſang ne s'en alloit point: elle eut beau la laver, & même la froter avec du ſable & avec du grais, il y

demeura

demeura toujours du ſang. Car la clef étoit Fée, & il n'y avoit pas moyen de la nettoyer tout à fait : quand on ôtoit le ſang d'un côté, il revenoit de l'autre. La Barbe bleuë revint de ſon voyage dès le ſoir même, & dit qu'il avoit reçû des Lettres dans le chemin, qui lui avoient apris que l'affaire pour laquelle il étoit parti, venoit d'être terminée à ſon avantage. Sa femme fit tout ce qu'elle put pour lui témoigner qu'elle étoit ravie de ſon prompt retour. Le lendemain il lui redemanda les clefs, & elle les lui donna, mais d'une main ſi tremblante, qu'il devina ſans peine tout ce qui s'étoit paſſé. D'où vient, lui dit-il, que la clef du cabinet n'eſt point avec les autres? il faut, dit-elle, que je l'aye laiſſée là-haut ſur ma table. Ne manquez pas, dit la Barbe bleue, de me la donner tantôt : après pluſieurs remiſes il fallut apporter la clef. La Barbe bleue l'ayant conſidérée, dit à ſa femme, pourquoi y a-t-il du ſang ſur cette clef? je n'en ſçais rien, répondit la pauvre femme, plus pâle que la mort : vous n'en ſçavez rien, reprit la Barbe bleue, je le ſçai bien moi ; vous avez voulu entrer dans le cabinet? Hé bien, Madame, vous y entrerez, & irez prendre votre pla-

ce

te auprès des Dames que vous y avez vues. Elle se jetta aux pieds de son Mari, en pleurant & en lui demandant pardon, avec toutes les marques d'un vrai repentir de n'avoir pas été obéissante. Elle auroit attendri un rocher, belle & affligée comme elle étoit ; mais la Barbe bleue avoit un cœur plus dur qu'un rocher. Il faut mourir, Madame, lui dit-il, & tout à l'heure. Puisqu'il faut mourir, répondit-elle, en le regardant les yeux baignés de larmes, donnez-moi un peu de tems pour prier Dieu. Je vous donne un demi-quart d'heure, reprit la Barbe bleue, mais pas un moment davantage. Lorsqu'elle fut seule, elle appella sa sœur, & lui dit, ma sœur Anne, car elle s'appelloit ainsi, monte je te prie sur le haut de la Tour, pour voir si mes freres ne viennent point : ils m'ont promis qu'ils me viendroient voir aujourd'hui, & si tu les vois, fais-leur signe de se hâter. La sœur Anne monta sur le haut de la Tour ; & la pauvre affligée lui crioit de tems en tems, *Anne, ma sœur Anne, ne vois-tu rien venir ?* Et la sœur Anne lui répondit, *je ne vois rien que le Soleil qui poudroye & l'herbe qui verdoye.* Cependant la Barbe bleue

bleue tenant un grand coutelas à sa main, crioit de toute sa force à sa femme, décens vîte, ou je monterai là-haut. Encore un moment s'il vous plaît, lui répondit sa femme; & aussitôt elle crioit tout bas, *Anne, ma sœur Anne, ne vois-tu rien venir?* Et la sœur Anne répondoit, *je ne vois rien que le Soleil qui poudroye, & l'herbe qui verdoye.* Décens donc vîte, crioit la Barbe bleue, ou je monterai là-haut. Je m'en vais, répondit la femme; & puis elle crioit, *Anne, ma sœur Anne, ne vois tu rien venir?* Je vois, répondit la sœur Anne, une grosse poussiére qui vient de ce côté-ci. Sont-ce mes freres? Helas, non, ma sœur; je vois un troupeau de moutons. Ne veux-tu pas décendre, crioit la Barbe bleue. Encore un petit moment, répondit sa femme; & puis elle crioit, *Anne; ma sœur Anne, ne vois-tu rien venir?* Je vois, répondit elle, deux Cavaliers qui viennent de ce côté, mais ils sont bien loin encore: Dieu soit loué, s'écria-t elle un moment après, ce sont mes freres; je leur fais signe tant que je puis de se hâter. La Barbe bleue se mit à crier si fort que toute la maison en trembla. La pauvre femme décendit, & alla se jetter

jetter à ses pieds toute épleurée & toute échevelée : cela ne sert de rien, dit la Barbe bleue, il faut mourir; puis la prenant d'une main par les cheveux, & de l'autre levant le coutelas en l'air, il alloit lui abattre la tête. La pauvre femme se tournant vers lui, & le regardant avec des yeux mourans, le pria de lui donner un petit moment pour se recueillir. Non, non, dit-il, recommande-toi bien à Dieu; & levant son bras. . . . Dans ce moment on heurta si fort à la porte, que la Barbe bleue s'arrêta tout court : on ouvrit, & aussitôt on vit entrer deux Cavaliers, qui mettant l'épée à la main, coururent droit à la Barbe bleue. Il reconnut que c'étoient les freres de sa femme, l'un Dragon & l'autre Mousquetaire, de sorte qu'il s'enfuit aussitôt pour se sauver : mais les deux freres le poursuivirent de si près, qu'ils l'attrapérent avant qu'il pût gagner le Perron. Ils lui passérent leur épée au travers du corps, & le laissérent mort. La pauvre femme étoit presque aussi morte que son Mari, & n'avoit pas la force de se lever pour embrasser ses freres. Il se trouva que la Barbe bleue n'avoit point d'héritiers, & qu'ainsi sa femme demeura

meura Maitresse de tous ses biens. Elle en employa une partie à marier sa sœur Anne avec un jeune Gentilhomme, dont elle étoit aimée depuis long tems; une autre partie à acheter des Charges de Capitaines à ses deux freres; & le reste à se marier elle-même à un fort honnête homme, qui lui fit oublier le mauvais tems qu'elle avoit passé avec la Barbe bleue.

MORALITÉ.

La curiosité malgré tous ses attraits,
Coûte souvent bien des regrets;
On en voit tous les jours mille exemples paroître.
C'est, n'en déplaise au sexe, un plaisir bien léger;
Dès qu'on le prend, il cesse d'être,
Et toujours il coute trop cher.

AUTRE MORALITÉ.

Pour peu qu'on ait l'esprit sensé,
Et que du monde on sçache le grimoire,
On voit bientôt que cette Histoire
Est un Conte du temps passé.

Il n'eſt plus d'Epoux ſi terrible,
Ni qui demande l'impoſſible :
Fût-il mal content & jaloux,
Près de ſa femme on le voit filer doux ;
Et de quelque couleur que ſa barbe puiſſe
être,
On a peine à juger qui des deux eſt le
maître.

LA BELLE AU BOIS DORMANT.

CONTE.

IL y avoit une fois un Roi & une Reine, qui étoient si fâchés de n'avoir point d'enfans, si fâchés, qu'on ne sçauroit dire. Ils allérent à toutes les Eaux du monde : Vœux, Pélérinages, tout fut mis en œuvre, & rien n'y faisoit. Enfin pourtant la Reine devint grosse & accoucha

accoucha d'une fille : on fit un beau Baptême ; on donna pour Marraines à la petite Princesse toutes les Fées qu'on put trouver dans le Pays (il s'en trouva sept,) afin que chacune d'elles lui faisant un don, comme c'étoit la coutume des Fées en ce temps-là, la Princesse eût par ce moyen toutes les perfections imaginables. Après les cérémonies du Baptême toute la Compagnie revint au Palais du Roi, où il y avoit un grand Festin pour les Fées. On mit devant chacune d'elles un couvert magnifique, avec un étui d'or massif, où il y avoit une cuillier, une fourchette, & un couteau de fin or, garni de diamans & de rubis. Mais comme chacun prenoit sa place à table, on vit entrer une vieille Fée qu'on n'avoit point priée, parce qu'il y avoit plus de cinquante ans qu'elle n'étoit sortie d'une Tour, & qu'on la croyoit morte, ou enchantée. Le Roi lui fit donner un couvert ; mais il n'y eut pas moyen de lui donner un étui d'or massif, comme aux autres, parce que l'on n'en avoit fait faire que sept pour les sept Fées. La Vieille crut qu'on la méprisoit, & grommela quelques menaces entre ses dents. Une des jeunes Fées qui se trouva auprès d'elle, l'entendit, & jugeant qu'elle pourroit donner quelque fâcheux don

à

à la petite Princeſſe, alla dès qu'on fut ſorti de table, ſe cacher derriére la tapiſſerie, afin de parler la derniére, & de pouvoir réparer autant qu'il lui ſeroit poſſible le mal que la Vieille auroit fait. Cependant les Fées commencerent à faire leurs dons à la Princeſſe. La plus jeune lui donna pour don qu'elle ſeroit la plus belle perſonne du monde ; celle d'après qu'elle auroit de l'eſprit comme un Ange ; la troiſiéme qu'elle auroit une grace admirable à tout ce qu'elle feroit ; la quatriéme qu'elle danſeroit parfaitement bien ; la cinquiéme qu'elle chanteroit comme un roſſignol ; & la ſixiéme qu'elle joueroit de toutes ſortes d'inſtrumens dans la derniére perfection. Le rang de la vieille Fée étant venu, elle dit en branlant la tête, avec plus de dépit que de vieilleſſe, que la Princeſſe ſe perceroit la main d'un fuſeau, & qu'elle en mourroit. Ce terrible don fit frémir toute la compagnie, & il n'y eut perſonne qui ne pleurât. Dans ce moment la jeune Fée ſortit de derriére la tapiſſerie, & dit tout haut ces paroles : Raſſurez-vous, Roi & Reine, votre fille n'en mourra pas : il eſt vrai que je n'ai pas aſſez de puiſſance pour défaire entiérement ce que mon ancienne a fait. La Princeſſe ſe percera la main d'un fuſeau ; mais

mais au lieu d'en mourir, elle tombera ſeulement dans un profond ſommeil qui durera cent ans, au bout deſquels le fils d'un Roi viendra la réveiller. Le Roi pour tâcher d'éviter le malheur annoncé par la Vieille, fit publier auſſi-tôt un Edit, par lequel il défendoit à toutes perſonnes de filer au fuſeau, ni d'avoir des fuſeaux chez ſoi ſur peine de la vie. Au bout de quinze ou ſeize ans, le Roi & la Reine étant allés à une de leurs Maiſons de plaiſance, il arriva que la jeune Princeſſe courant un jour dans le Château, & montant de chambre en chambre, alla juſqu'au haut d'un Donjon dans un petit galetas, où une bonne Vieille étoit ſeule à filer ſa quenouille. Cette bonne femme n'avoit point oui parler des défenſes que le Roi avoit faites de filer au fuſeau. Que faites-vous là, ma bonne femme, dit la Princeſſe? je file, ma belle enfant, lui répondit la Vieille qui ne la connoiſſoit pas. Ha! que cela eſt joli, reprit la Princeſſe: comment faites-vous? donnez-moi que je voye ſi j'en ferois bien autant. Elle n'eut pas plûtôt pris le fuſeau, que comme elle étoit fort vive, un peu étourdie, & que d'ailleurs l'Arrêt des Fées l'ordonnoit ainſi, elle s'en perça la main, & tomba évanouïe. La bonne Vieille bien embarassée, crie au secours : on vient de tous côtés ; on jette de l'eau au visage de la Princesse ; on la délasse ; on lui frappe dans les mains ; on lui frotte les temples avec de l'eau de la Reine de Hongrie : mais rien ne la faisoit revenir. Alors le Roi, qui étoit monté au bruit, se souvint de la prédiction des Fées, & jugeant bien qu'il falloit que cela arrivât, puisque les Fées l'avoient dit, fit mettre la Princesse dans le plus bel appartement du Palais, sur un lit en broderie d'or, & d'argent. On eût dit d'un Ange, tant elle étoit belle ; car son évanoüissement n'avoit pas ôté les couleurs vives de son teint : ses joües étoient incarnates, & ses levres comme du corail ; elle avoit seulement les yeux fermés, mais on l'entendoit respirer doucement, ce qui faisoit voir qu'elle n'étoit pas morte. Le Roi ordonna qu'on la laissât dormir en repos, jusqu'à ce que son heure de se réveiller fût venuë. La bonne Fée qui lui avoit sauvé la vie, en la condamnant à dormir cent ans, étoit dans le Royaume de Mataquin à douze mille lieuës de là, lorsque l'accident arriva à la Princesse ; mais elle en fut avertie en un instant par un petit Nain, qui avoit des bottes de sept lieuës (c'étoient des bottes avec lesquelles on faisoit sept lieuës

lieuës d'une seule enjambée.) La Fée partit aussitôt ; & on la vit au bout d'une heure arriver dans un chariot tout de feu, traîné par des dragons. Le Roi lui alla présenter la main à la descente du chariot. Elle approuva tout ce qu'il avoit fait ; mais comme elle étoit grandement prévoyante, elle pensa que quand la Princesse viendroit à se réveiller, elle seroit bien embarassée toute seule dans ce vieux Château : voici ce qu'elle fit. Elle toucha de sa baguette tout ce qui étoit dans ce Château, (hors le Roi & la Reine) Gouvernantes, Filles d'Honneur, Femmes de Chambre, Gentilshommes, Officiers, Maîtres d'Hôtel, Cuisiniers, Marmitons, Galopins, Gardes, Suisses, Pages, Valets de pied ; elle toucha aussi tous les chevaux qui étoient dans les Ecuries avec les Palfreniers, les gros matins de la basse-cour, & la petite *Pouffe*, petite chienne de la Princesse, qui étoit auprès d'elle sur son lit. Dès qu'elle les eut touchés, ils s'endormirent tous, pour ne se réveiller qu'en même tems que leur Maîtresse, afin d'être tous prêts à la servir quand elle en auroit besoin. Les broches mêmes qui étoient au feu toutes pleines de Perdrix & de Faisans s'endormirent, & le feu aussi. Tout cela se fit en un moment ; les Fées n'étoient pas longues à leur besogne. Alors le Roi & la Reine après avoir baisé leur cher enfant sans qu'elle s'éveillât, sortirent du Château, & firent publier des défenses à qui que ce soit d'en approcher. Ces défenses n'étoient pas nécessaires ; car il crut dans un quart d'heure tout autour du Parc une si grande quantité de grands arbres & de petits, de ronces & d'épines entrelassées les unes dans les autres, que bête ni homme n'y auroit pû passer : en sorte qu'on ne voyoit plus que le haut des Tours du Château, encore n'étoit-ce que de bien loin. On ne douta point que la Fée n'eût encore fait là un tour de son métier, afin que la Princesse pendant qu'elle dormiroit, n'eût rien à craindre des Curieux.

Au bout de cent ans, le fils du Roi qui régnoit alors, & qui étoit d'une autre famille que la Princesse endormie, étant allé à la chasse de ce côté-là, demanda ce que c'étoit que des Tours qu'il voyoit au-dessus d'un grand Bois fort épais ; chacun lui répondit selon qu'il en avoit oui parler. Les uns disoient que c'étoit un vieux Château où il revenoit des Esprits ; les autres que tous les Sorciers de la Contrée y faisoient leur Sabbat. La plus commune opinion étoit qu'un qu'un Ogre y demeuroit, & que là il emportoit tous les enfans qu'il pouvoit attraper, pour les pouvoir manger à son aise, & sans qu'on le pût suivre, ayant seul le pouvoir de se faire un passage au travers du Bois. Le Prince ne sçavoit qu'en croire; lors qu'un vieux Païsan prit la parole, & lui dit: Mon Prince, il y a plus de cinquante ans que j'ai oui dire à mon Pere, qu'il y avoit dans ce Château une Princesse, la plus belle qu'on eût sçû voir; qu'elle y devoit dormir cent ans, & qu'elle seroit réveillée par le fils d'un Roi, à qui elle étoit réservée. Le jeune Prince à ce discours se sentit tout de feu; il crut sans balancer qu'il mettroit fin à une si belle avanture; & poussé par l'amour & par la gloire, il résolut de voir sur le champ ce qui en étoit. A peine s'avança-t-il vers le Bois, que tous ces grands arbres, ces ronces, & ces épines s'écarterent d'elles-mêmes pour le laisser passer. Il marche vers le Château qu'il voyoit au bout d'une grande avenue où il entra; & ce qui le surprit un peu, il vit que personne de ses gens ne l'avoient pû suivre, parce que les arbres s'étoient rapprochés dès qu'il avoit été passé. Il ne laissa pas de continuer son chemin: un Prince jeune & amoureux est toujours

jours vaillant. Il entra dans une grande avant-cour, où tout ce qu'il vit d'abord étoit capable de le glacer de crainte. C'étoit un silence affreux : l'image de la mort s'y présentoit par tout ; & ce n'étoient que des corps étendus d'hommes & d'animaux, qui paroissoient morts. Il reconnut pourtant bien aux nés bourgeonnés, & à la face vermeille des Suisses, qu'ils n'étoient qu'endormis ; & leurs tasses où il y avoit encore quelques gouttes de vin, montroient assez qu'ils s'étoient endormis en beuvant. Il passa une grande cour pavée de marbre : il monte l'escalier ; il entre dans la salle des Gardes qui étoient rangés en haye, la carabine sur l'épaule, & ronflans de leur mieux. Il traverse plusieurs chambres pleines de Gentilshommes & de Dames, dormans tous, les uns debout, les autres assis : il entre dans une chambre toute dorée ; & il vit sur un lit, dont les rideaux étoient ouverts de tous côtés, le plus beau spectacle qu'il eût jamais vû : Une Princesse qui paroissoit avoir quinze ou seize ans, & dont l'éclat resplendissant avoit quelque chose de lumineux & de divin. Il s'approcha en tremblant & en admirant, & se mit à genoux auprès d'elle. Alors comme la fin de l'enchantement étoit venuë, la Princesse s'éveilla ;

veilla ; & le regardant avec des yeux plus tendres qu'une premiére vûë ne sembloit le permetre : Est-ce vous mon Prince, lui dit-elle ? vous vous êtes bien fait attendre. Le Prince charmé de ces paroles, & plus encore de la maniére dont elles étoient dites, ne sçavoit comment lui témoigner sa joie & sa reconnoissance ; il l'assura qu'il l'aimoit plus que lui-même. Ses discours furent mal rangés ; ils en plurent davantage : peu d'éloquence, beaucoup d'amour. Il étoit plus embarassé qu'elle, & l'on ne doit pas s'en étonner : elle avoit eu le tems de songer à ce qu'elle auroit à lui dire ; car il y a apparence ; (l'Histoire n'en dit pourtant rien) que la bonne Fée pendant un si long sommeil lui avoit procuré le plaisir des songes agréables. Enfin il y avoit quatre heures qu'ils se parloient, & ils ne s'étoient pas encore dit la moitié des choses qu'ils avoient à se dire.

Cependant tout le Palais s'étoit réveillé avec la Princesse : chacun songeoit à faire sa Charge ; & comme ils n'étoient pas tous amoureux, ils mouroient de faim. La Dame d'honneur pressée comme les autres, s'impatienta, & dit tout haut à la Princesse que la viande étoit servie. Le Prince aida à la Princes-

ſe à ſe lever : elle étoit tout habillée, & fort magnifiquement ; mais il ſe garda bien de lui dire qu'elle étoit habillée comme ma mere grand, & qu'elle avoit un collet monté : elle n'en étoit pas moins belle. Ils paſſérent dans un Salon de miroirs, & y ſoupérent, ſervis par les Officiers de la Princeſſe. Les Violons & les Hautbois jouérent de vieilles piéces, mais excellentes, quoiqu'il y eût près de cent ans qu'on ne les jouât plus ; & après ſoupé, ſans perdre de tems, le grand Aumonier les maria dans la Chapelle du Château, & la Dame d'honneur leur tira le rideau. Ils dormirent peu : la Princeſſe n'en avoit pas grand beſoin ; & le Prince la quitta dès le matin pour retourner à la Ville où ſon Pere devoit être en peine de lui. Le Prince lui dit, qu'en chaſſant il s'étoit perdu dans la Forêt, & qu'il avoit couché dans la huche d'un Charbonnier, qui lui avoit fait manger du pain noir & du fromage. Le Roi ſon Pere qui étoit bon homme, le crut : mais ſa mere n'en fut pas bien perſuadée; & voyant qu'il alloit preſque tous les jours à la chaſſe, & qu'il avoit toujours une raiſon en main pour s'excuſer, quand il avoit couché deux ou trois nuits dehors, elle ne douta plus qu'il n'eût quelque amourette.
Car

Car il vécut avec la Princesse plus de deux ans entiers, & en eut deux enfans, dont le premier qui fut une fille, fut nommée l'Aurore, & le second un fils, qu'on nomma le Jour, parce qu'il paroissoit encore plus beau que sa sœur. La Reine dit plusieurs fois à son fils, pour le faire expliquer, qu'il falloit se contenter dans la vie; mais il n'osa jamais se fier à elle de son secret: il la craignoit quoiqu'il l'aimât; car elle étoit de race Ogresse, & le Roi ne l'avoit épousée qu'à cause de ses grands biens. On disoit même tout bas à la Cour qu'elle avoit les inclinations des Ogres, & qu'en voyant passer de petits enfans, elle avoit toutes les peines du monde à se retenir de se jetter sur eux: ainsi le Prince ne voulut jamais rien dire. Mais quand le Roi fut mort, ce qui arriva au bout de deux ans, & qu'il se vit le maître, il déclara publiquement son Mariage, & alla en grande Cérémonie querir la Reine sa femme dans son Château. On lui fit une entrée magnifique dans la Ville Capitale, où elle entra au milieu de ses deux enfans. Quelque tems après le Roi alla faire la guerre à l'Empereur Cantalabutte son voisin. Il laissa la Régence du Royaume à la Reine sa mere, & lui recommanda fort sa femme & ses enfans : il devoit être à la guerre tout l'Eté ; & dès qu'il fut parti, la Reine mere envoya sa Bru & ses enfans à une maison de campagne dans les Bois, pour pouvoir plus aisément assouvir son horrible envie. Elle y alla quelques jours après, & dit un soir à son Maître d'Hôtel, je veux manger demain à mon dîner la petite Aurore. Ah ! Madame, dit le Maître d'Hôtel : je le veux, dit la Reine (& elle le dit d'un ton d'Ogresse, qui a envie de manger de la chair fraîche) & je la veux manger à la sausse Robert. Ce pauvre homme voyant bien qu'il ne faloit pas se jouer à une Ogresse, prit son grand coûteau, & monta à la chambre de la petite Aurore : elle avoit pour lors quatre ans, & vint en sautant & en riant se jetter à son col, & à lui demander du bon-bon. Il se mit à pleurer : le coûteau lui tomba des mains ; & il alla dans la basse-cour couper la gorge à un petit agneau, & lui fit une si bonne sausse, que sa Maîtresse l'assura qu'elle n'avoit jamais rien mangé de si bon. Il avoit emporté en même tems la petite Aurore, & l'avoit donnée à sa femme, pour la cacher dans le logement qu'elle avoit au fond de la basse-cour. Huit jours après la méchante Reine dit à son Maître d'Hôtel, je veux manger

manger à mon ſouper le petit Jour : il ne repliqua pas, réſolu de la tromper comme l'autre fois. Il alla chercher le petit Jour, & le trouva avec un petit fleuret à la main, dont il faiſoit des armes avec un gros Singe : il n'avoit pourtant que trois ans. Il le porta à ſa femme qui le cacha avec la petite Aurore, & donna à la place du petit Jour, un petit chevreau fort tendre, que l'Ogreſſe trouva admirablement bon.

Cela étoit fort bien allé juſques-là ; mais un ſoir cette méchante Reine dit au Maître d'Hôtel, je veux manger la Reine à la même ſauſſe que ſes enfans. Ce fût alors que le pauvre Maître d'Hôtel déſeſpéra de la pouvoir encore tromper. La jeune Reine avoit vingt ans paſſés, ſans compter les cent ans qu'elle avoit dormi : ſa peau étoit un peu dure, quoique belle & blanche ; & le moyen de trouver dans la mênagerie une bête auſſi dure que cela. Il prit la réſolution pour ſauver ſa vie de couper la gorge à la Reine, & monta dans ſa chambre, dans l'intention de n'en pas faire à deux fois. Il s'excitoit à la fureur, & entra le poignard à la main dans la chambre de la jeune Reine : il ne voulut pourtant point la ſurprendre, & il lui dit avec beaucoup de reſpect l'ordre qu'il avoit reçû

 de

de la Reine Mere. Faites, faites, lui dit-elle, en lui tendant le col : exécutez l'ordre qu'on vous a donné ; j'irai revoir mes enfans, mes pauvres enfans que j'ai tant aimés : elle les croyoit morts depuis qu'on les avoit enlevés sans lui rien dire. Non, non, Madame, lui répondit le pauvre Maître d'Hôtel tout attendri, vous ne mourrez point, & vous ne laisserez pas d'aller revoir vos enfans ; mais ce sera chez moi où je les ai cachés, & je tromperai encore la Reine, en lui faisant manger une jeune Biche en votre place. Il la mena aussitôt à sa chambre, où la laissant embrasser ses enfans & pleurer avec eux, il alla accommoder une biche, que la Reine mangea à son soupé, avec le même appétit que si c'eût été la jeune Reine : elle étoit bien contente de sa cruauté ; & elle se préparoit à dire au Roi à son retour, que les Loups enragés avoient mangé la Reine sa femme & ses deux enfans.

Un soir qu'elle rodoit à son ordinaire dans les cours & basse-cours du Château, pour y halener quelque viande fraiche, elle entendit dans une sale basse le petit Jour qui pleuroit, parce que la Reine sa Mere le vouloit faire foüetter, à cause qu'il avoit été méchant ; & elle en-

entendit aussi la petite Aurore qui demandoit pardon pour son frere. L'Ogresse reconnut la voix de la Reine & de ses enfans ; & furieuse d'avoir été trompée, elle commande dès le lendemain au matin, avec une voix épouvantable, qui faisoit trembler tout le monde, qu'on apportât au milieu de la Cour une grande cuve, qu'elle fit remplir de Crapaux, de Vipéres, de Couleuvres & de Serpens, pour y faire jetter la Reine & ses enfans, le Maître d'Hôtel, sa femme & sa servante : elle avoit donné ordre de les amener les mains liées derriére le dos. Ils étoient là, & les Bourreaux se préparoient à les jetter dans la cuve, lorsque le Roi qu'on n'attendoit pas sitôt entra dans la Cour à cheval ; il étoit venu en Poste, & demanda tout étonné ce que vouloit dire cet horrible spectacle. Personne n'osoit l'en instruire, quand l'Ogresse enragée de voir ce qu'elle voyoit, se jetta elle-même la tête la premiére dans la cuve, & fut dévorée en un instant par les vilaines bêtes qu'elle y avoit fait mettre. Le Roi ne laissa pas d'en être fâché ; elle étoit sa mere : mais il s'en consola bientôt avec sa belle femme & ses enfans.

MO-

MORALITÉ.

ATtendre quelque tems pour avoir un Epoux,
Riche, bien-fait, galant & doux,
La chose est assez naturelle;
Mais l'attendre cent ans & toujours en dormant,
On ne trouve plus de femelle,
Qui dormît si tranquillement.
La Fable semble encor vouloir nous faire entendre,
Que souvent de l'Hymen les agréables nœuds,
Pour être differés n'en sont pas moins heureux,
Et qu'on ne perd rien pour attendre.
Mais le sexe avec tant d'ardeur,
Aspire à la foi conjugale,
Que je n'ai pas la force ni le cœur,
De lui prêcher cette Morale.

LE MAITRE CHAT, OU LE CHAT BOTTÉ.

CONTE.

UN Meûnier ne laiſſa pour tous biens à trois enfans qu'il avoit, que ſon Moulin, ſon Ane & ſon Chat. Les partages furent bientôt faits ; ni le Notaire, ni le Procureur n'y furent point appellés. Ils auroient eu bientôt mangé tout le pauvre patrimoine. L'aî-

né

né eut le Moulin, le ſecond eut l'Ane, & le plus jeune n'eut que le Chat. Ce dernier ne pouvoit ſe conſoler d'avoir un ſi pauvre lot : mes freres, diſoit-il, pourront gagner leur vie honnêtement en ſe mettant enſemble ; pour moi, lorſque j'aurai mangé mon Chat, & que je me ſerai fait un manchon de ſa peau, il faudra que je meure de faim. Le Chat qui entendoit ce diſcours, mais qui n'en fit pas ſemblant, lui dit d'un air poſé & ſérieux, ne vous affligez point, mon Maître : voùs n'avez qu'à me donner un ſac, & me faire faire une paire de bottes pour aller dans les brouſſailles, & vous verrez que vous n'êtes pas ſi mal partagé que vous croyez. Quoique le Maître du Chat ne fit pas grand fond là-deſſus, il lui avoit vû faire tant de tours de ſoupleſſe, pour prendre des Rats & des Souris ; comme quand il ſe pendoit par les pieds, ou qu'il ſe cachoit dans la farine pour faire le mort, qu'il ne déſeſpéra pas d'en être ſecouru dans ſa miſére. Lorſque le Chat eut ce qu'il avoit demandé, il ſe botta bravement ; & mettant ſon ſac à ſon cou, il en prit les cordons avec ſes deux pattes de devant, & s'en alla dans une Garenne où il y avoit grand nombre de Lapins. Il mit du ſon & des lacerons dans ſon ſac, & s'és'étendant comme s'il eût été mort, il attendit que quelque jeune Lapin, peu instruit encore des ruses de ce monde, vint se fourer dans son sac pour manger ce qu'il y avoit mis. A peine fut-il couché, qu'il eut contentement ; un jeune étourdi de Lapin entre dans son sac, & le maître Chat tirant aussitôt les cordons le prit & le tua sans miséricorde. Tout glorieux de sa proie, il s'en alla chez le Roi & demanda à lui parler. On le fit monter à l'appartement de Sa Majesté, où étant entré il fit une grande révérence au Roi, & lui dit : voilà, Sire, un Lapin de Garenne que Monsieur le Marquis de Carabas (c'étoit le nom qu'il lui prit en gré de donner à son Maître,) m'a chargé de vous présenter de sa part. Dis à ton Maitre, répondit le Roi, que je le remercie, & qu'il me fait plaisir. Une autre fois il alla se cacher dans un bled, tenant toujours son sac ouvert, & lorsque deux perdrix y furent entrées, il tira les cordons, & les prit toutes deux. Il alla ensuite les présenter au Roi comme il avoit fait le Lapin de Garenne. Le Roi reçut encore avec plaisir les deux perdrix, & lui fit donner pour boire. Le Chat continua ainsi pendant deux ou trois mois de porter de tems en tems au Roi du Gibier de la la chasse de sonMaitre. Un jour qu'il sçut que le Roi devoit aller à la promenade sur le bord de la Riviere avec sa fille, la plus belle Princesse du monde, il dit à son maître, si vous voulez suivre mon conseil, votre fortune est faite : vous n'avez qu'à vous baigner dans la Riviere à l'endroit que je vous montrerai, & ensuite me laisser faire. Le Marquis de Carabas fit ce que son Chat lui conseilloit, sans sçavoir à quoi cela seroit bon. Dans le tems qu'il se baignoit le Roi vint à passer, & le Chat se mit à crier de toute sa force, au secours, au secours : voilà M. le Marquis de Carabas qui se noye. A ce cri le Roi mit la tête à la portiére, & reconnoissant le Chat qui lui avoit apporté tant de fois du Gibier, il ordonna à ses Gardes qu'on allât vîte au secours de M. le Marquis de Carabas. Pendant qu'on retiroit le pauvre Marquis de la Riviére, le Chat s'approchant du Carosse, dit au Roi que dans le tems que son maître se baignoit, il étoit venu des voleurs qui avoient emporté ses habits, quoiqu'il eût crié au voleur de toute sa force : le drole les avoit cachés sous une grosse pierre. Le Roi ordonna aussitôt aux Officiers de sa Garde-robe d'aller querir un de ses plus beaux habits pour Monsieur le Marquis de Carabas.

Le

Le Roi lui fit mille caresses ; & comme les beaux habits qu'on venoit de lui donner relevoient sa bonne mine (car il étoit beau , & bien fait de sa personne) la fille du Roi le trouva fort à son gré , & le Comte de Carabas ne lui eut pas plûtôt jetté deux ou trois regards fort respectueux , & un peu tendres , qu'elle en devint amoureuse à la folie. Le Roi voulut qu'il montât dans son Carosse , & qu'il fût de la promenade. Le Chat ravi de voir que son dessein commençoit à réussir, prit les devants ; & ayant rencontré des Païsans qui fauchoient un Pré , il leur dit , *Bonnes gens qui fauchez , si vous ne dites au Roi que le Pré que vous fauchez appartient à Mr. le Marquis de Carabas , vous serez tous hachés menu comme chair à pâté.* Le Roi ne manqua pas à demander aux Faucheurs à qui étoit ce pré qu'ils fauchoient : c'est à Mr. le Marquis de Carabas , dirent-ils tous ensemble ; car la menace du Chat leur avoit fait peur. Vous avez là un bel héritage , dit le Roi au Marquis de Carabas. Vous voyez, Sire, répondit le Marquis ; c'est un Pré qui ne manque point de rapporter abondament toutes les années. Le Maitre Chat qui alloit toujours devant, rencontra des Moissonneurs , & leur dit , *Bonnes gens qui mois-*

moissonnez , si vous ne dites que tous ces bleds appartiennent à Monsieur le Marquis de Carabas , vous serez tous hachés menu comme chair à pâté. Le Roi qui passa un moment après , voulut sçavoir à qui appartenoient tous les bleds qu'il voyoit. C'est à Monsieur le Marquis de Carabas, répondirent les Moissonneurs ; & le Roi s'en réjouit encore avec le Marquis. Le Chat qui alloit devant le Carosse, disoit toujours la même chose à tous ceux qu'il rencontroit ; & le Roi étoit étonné des grands biens de Monsieur le Marquis de Carabas. Le Maître Chat arriva enfin dans un beau Château dont le Maître étoit un Ogre, le plus riche qu'on ait jamais vû ; car toutes les terres par où le Roi avoit passé étoient de la dépendance de ce Château. Le Chat eut soin de s'informer qui étoit cet Ogre, & ce qu'il sçavoit faire , & demanda à lui parler , disant qu'il n'avoit pas voulu passer si près de son Château , sans avoir l'honneur de lui faire la révérence. L'Ogre le reçut aussi civilement que le peut un Ogre , & le fit reposer. On m'a assuré , dit le Chat , que vous aviez le don de vous changer en toutes sortes d'Animaux ; que vous pouviez , par exemple , vous transformer en Lion , en Elephant : eela est vrai , répondit l'Ogre brusquement, & pour vous le montrer, vous m'allez voir devenir Lion. Le Chat fut si effrayé de voir un Lion devant lui, qu'il gagna aussitôt les goutiéres, non sans peine & sans péril, à cause de ses bottes qui ne valloient rien pour marcher sur les tuiles. Quelque tems après, le Chat ayant vû que l'Ogre avoit quitté sa premiere forme, descendit, & avoua qu'il avoit eu bien peur. On m'a assuré encore, dit le Chat, mais je ne sçaurois le croire, que vous aviez aussi le pouvoir de prendre la forme des plus petits Animaux, par exemple, de vous changer en un rat, en une souris : je vous avoue que je tiens cela tout-à-fait impossible. Impossible, reprit l'Ogre ? vous allez voir ; & en même tems il se changea en une souris qui se mit à courir sur le plancher. Le Chat ne l'eut pas plûtôt apperçûe, qu'il se jetta dessus, & la mangea. Cependant le Roi qui vit en passant le beau Château de l'Ogre, voulut entrer dedans. Le Chat qui entendit le bruit du Carosse qui passoit sur le Pont-levis, courut au devant, & dit au Roi : Votre Majesté soit la bienvenuë dans ce Château de Monsieur le Marquis de Carabas. Comment, Monsieur le Marquis, s'écria le Roi, ce Château est encore à vous ?

il ne se peut rien de plus beau que cette cour & que tous ces Bâtimens qui l'environnent ; voyons les dedans, s'il vous plaît. Le Marquis donna la main à la jeune Princesse ; & suivant le Roi qui montoit le premier, ils entrerent dans une grande Sale où ils trouverent une magnifique Colation, que l'Ogre avoit fait préparer pour ses amis qui le devoient venir voir ce même jour-là, mais qui n'avoient pas osé entrer, sçachant que le Roi y étoit. Le Roi charmé des bonnes qualités de Monsieur le Marquis de Carabas, de même que sa fille qui en étoit folle, & voyant les grands biens qu'il possédoit, lui dit, après avoir bû cinq ou six coups, il ne tiendra qu'à vous, Monsieur le Marquis, que vous ne soyez mon gendre. Le Marquis faisant de grandes révérences, accepta l'honneur que lui faisoit le Roi ; & dès le même jour il épousa la Princesse. Le Chat devint grand Seigneur, & ne courut plus après les souris que pour se divertir.

MO-

MORALITÉ.

QUelque grand que soit l'avantage
De jouir d'un riche héritage
Venant à nous de Pere en Fils,
Aux jeunes gens pour l'ordinaire,
L'industrie & le sçavoir faire,
Valent mieux que des biens aquis.

AUTRE MORALITÉ.

SI le fils d'un Meûnier, avec tant de vîtesse,
Gagne le cœur d'une Princesse,
Et s'en fait regarder avec des yeux mourans;
C'est que l'habit, la mine & la jeunesse,
Pour inspirer de la tendresse,
Ne sont pas des moyens toujours indifférens.

CENDRILLON,

OU LA PETITE PANTOUFLE DE VERRE.

CONTE.

IL étoit une fois un Gentilhomme, qui épousa en secondes nóces une femme, la plus hautaine & la plus fiére qu'on eût jamais vûe. Elle avoit deux filles de son humeur, & qui lui ressembloient en toutes choses. Le mari avoit de son côté une jeune fille, mais d'une douceur & d'une bonté sans exemple : elle

elle tenoit cela de ſa mere, qui étoit la meilleure perſonne du monde. Les nôces ne furent pas plûtôt faites, que la belle-mere fit éclater ſa mauvaiſe humeur; elle ne put ſouffrir les bonnes qualités de cette jeune enfant, qui rendoient ſes filles encore plus haïſſables. Elle la chargea des plus viles occupations de la maiſon : c'étoit elle qui nettoyoit la vaiſſelle & les montées, qui frotoit la chambre de Madame, & celles de Meſdemoiſelles ſes filles : elle couchoit tout au haut de la maiſon dans un grenier ſur une méchante paillaſſe, pendant que ſes ſœurs étoient dans des chambres parquetées, où elles avoient des lits des plus à la mode, & des miroirs où elles ſe voyoient depuis les pieds juſques à la téte. La pauvre fille ſouffroit tout avec patience, & n'oſoit s'en plaindre à ſon pere qui l'auroit grondée, parce que ſa femme le gouvernoit entiérement. Lorſqu'elle avoit fait ſon ouvrage, elle s'alloit mettre au coin de la cheminée, & s'aſſeoir dans les cendres; ce qui faiſoit qu'on l'appelloit communément dans le logis Cucendron: la cadette qui n'étoit pas ſi malhonnête que ſon aînée, l'appelloit Cendrillon. Cependant Cendrillon avec ſes méchans habits, ne laiſſoit pas d'être cent fois plus belle que ses sœurs, quoique vêtues très-magnifiquement.

Il arriva que le fils du Roi donna un Bal, & qu'il en pria toutes les personnes de qualité : nos deux Demoiselles en furent aussi priées ; car elles faisoient grande figure dans le Pays. Les voilà bien-aises, & bien occupées à choisir les habits & les coëffures qui leur seyeroient le mieux : nouvelle peine pour Cendrillon ; car c'étoit elle qui repassoit le linge de ses sœurs, & qui godronoit leurs manchettes : on ne parloit que de la maniere dont on s'habilleroit. Moi, dit l'ainée, je mettrai mon habit de velours rouge & ma garniture d'Angleterre. Moi, dit la cadette, je n'aurai que ma juppe ordinaire ; mais en récompense je mettrai mon manteau à fleurs d'or, & ma barriere de diamans, qui n'est pas des plus indifférentes. On envoya querir la bonne coëffeuse, pour dresser les cornettes à deux rangs, & on fit acheter des mouches de la bonne Faiseuse : elles appellerent Cendrillon pour lui demander son avis ; car elle avoit le goût bon. Cendrillon les conseilla le mieux du monde, & s'offrit même à les coëffer, ce qu'elles voulurent bien. Et les coëffant, elles lui disoient : Cendrillon, serois-tu bien-aise d'aller d'aller au Bal ? Hélas, Mesdemoiselles, vous vous mocquez de moi : ce n'est pas là ce qu'il me faut. Tu as raison ; on riroit bien, si on voyoit un Cucendron aller au Bal. Une autre que Cendrillon les auroit coëffées de travers : mais elle étoit bonne, & elle les coëffa parfaitement bien. Elles furent près de deux jours sans manger, tant elles étoient transportées de joie : on rompit plus de douze lacets à force de les serrer pour leur rendre la taille plus menue, & elles étoient toujours devant leur miroir. Enfin l'heureux jour arriva : on partit, & Cendrillon les suivit des yeux le plus long-tems qu'elle put ; lorsqu'elle ne les vit plus, elle se mit à pleurer. Sa Maraine, qui la vit toute en pleurs, lui demanda ce qu'elle avoit. Je voudrois bien. . . . . Je voudrois bien. . . . . Elle pleuroit si fort, qu'elle ne put achever. Sa Maraine, qui étoit Fée, lui dit : Tu voudrois bien aller au Bal, n'est-ce pas ? Hélas oui, dit Cendrillon en soupirant. Hé bien, seras-tu bonne fille, dit sa Maraine, je t'y ferai aller ? Elle la mena dans sa chambre, & lui dit : Va dans le jardin, & apporte-moi une citrouille. Cendrillon alla aussi-tôt cueillir la plus belle qu'elle put trouver, & la porta à sa Maraine ;

raine, ne pouvant deviner comment cette citrouille la pourroit faire aller au Bal. Sa Maraine la creusa, & n'ayant laissé que l'écorce, la frappa de sa baguette; & la citrouille fut aussi-tôt changée en un beau carosse tout doré. Ensuite elle alla regarder dans sa sourissiére, où elle trouva six souris toutes en vie. Elle dit à Cendrillon de lever un peu la trappe de la sourissiére, & à chaque souris qui sortoit, elle lui donnoit un coup de sa baguette; & la souris étoit aussi-tôt changée en un beau cheval, ce qui fit un bel attelage de six chevaux, d'un beau gris de souris pommelé. Comme elle étoit en peine de quoi elle feroit un cocher, je vais voir, dit Cendrillon, s'il n'y a point quelque rat dans la ratiére; nous en ferons un cocher. Tu as raison, dit sa Maraine, va voir. Cendrillon lui apporta la ratiére, où il y avoit trois gros rats. La Fée en prit un d'entre les trois, à cause de sa maîtresse Barbe; & l'ayant touché, il fut changé en un gros cocher, qui avoit une des plus belles moustaches qu'on ait jamais vûes. Ensuite elle lui dit: Va dans le jardin; tu y trouveras six lézards derriere l'arrosoir, apporte-les-moi: elle ne les eut pas plûtôt apportés, que la

Maraine

Maraine les changea en ſix laquais, qui montérent auſſi-tôt derriere le caroſſe avec leurs habits chamarrés, & qui s'y tenoient attachés, comme s'ils n'euſſent fait autre choſe toute leur vie. La Fée dit alors à Cendrillon : Hé bien, voilà de quoi aller au Bal ; n'es-tu pas bien-aiſe ? Oui, mais eſt-ce que j'irai comme cela avec mes vilains habits ? Sa Maraine ne fit que la toucher avec ſa baguette ; & en même-tems ſes habits furent changés en des habits de drap d'or & d'argent tout chamarrés de pierreries : elle lui donna enſuite une paire de pantoufles de verre, les plus jolies du monde. Quand elle fut ainſi parée, elle monta en caroſſe ; mais ſa Maraine lui recommanda ſur toutes choſes de ne pas paſſer minuit, l'avertiſſant que ſi elle demeuroit au Bal un moment davantage, ſon caroſſe redeviendroit citrouille, ſes chevaux des ſouris, ſes laquais des lézards, & que ſes vieux habits reprendroient leur premiere forme. Elle promit à ſa Maraine qu'elle ne manqueroit pas de ſortir du Bal avant minuit. Elle part, ne ſe ſentant pas de joie. Le fils du Roi, qu'on alla avertir, qu'il venoit d'arriver une grande Princeſſe qu'on ne connoiſſoit point, courut la recevoir ; il lui donna la main à la deſcente du carosse, & la mena dans la salle où étoit la compagnie. Il se fit alors un grand silence ; on cessa de danser, & les violons ne jouerent plus, tant on étoit attentif à contempler les grandes beautés de cette inconnue : on n'entendoit qu'un bruit confus, ha, qu'elle est belle ! Le Roi même, tout vieux qu'il étoit, ne laissoit pas de la regarder, & de dire tout bas à la Reine, qu'il y avoit long-tems qu'il n'avoit vû une si belle & si aimable personne. Toutes les Dames étoient attentives à considérer sa coëffure & ses habits, pour en avoir dès le lendemain de semblables, pourvû qu'il se trouvât des étoffes assez belles, & des ouvriers assez habiles. Le fils du Roi la mit à la place la plus honorable, & ensuite la prit pour la mener danser : elle dansa avec tant de grace, qu'on l'admira encore davantage. On apporta une fort belle colation, dont le jeune Prince ne mangea point, tant il étoit occupé à la considérer. Elle alla s'asseoir auprès de ses sœurs, & leur fit mille honnêtetés : elle leur fit part des oranges & des citrons que le Prince lui avoit donnés ; ce qui les étonna fort, car elles ne la connoissoient point. Lorsqu'elles causoient ainsi, Cendrillon entendit sonner onze

onze heures trois quarts : elle fit aussitôt une grande révérence à la compagnie, & s'en alla le plus vîte qu'elle put. Dès qu'elle fut arrivée, elle alla trouver sa Maraine ; & après l'avoir remerciée, elle lui dit qu'elle souhaiteroit bien aller encore le lendemain au Bal, parce que le fils du Roi l'en avoit priée. Comme elle étoit occupée à raconter à sa Maraine tout ce qui s'étoit passé au Bal, les deux sœurs heurterent à la porte ; Cendrillon leur alla ouvrir. Que vous êtes long-tems à revenir, leur dit-elle, en baaillant, en se frottant les yeux, & en s'étendant comme si elle n'eût fait que de se réveiller ! elle n'avoit cependant pas eu envie de dormir depuis qu'elles s'étoient quittées. Si tu étois venue au Bal, lui dit une de ses sœurs, tu ne t'y serois pas ennuyée : il y est venu la plus belle Princesse, la plus belle qu'on puisse jamais voir ; elle nous a fait mille civilités, elle nous a donné des oranges & des citrons. Cendrillon ne se sentoit pas de joie : elle leur demanda le nom de cette Princesse ; mais elles lui répondirent qu'on ne la connoissoit pas, que le fils du Roi en étoit fort en peine, & qu'il donneroit toutes choses au monde pour sçavoir qui elle étoit. Cendrillon sourit, & leur dit : Elle étoit donc bien belle? Mon Dieu, que vous êtes heureuses! ne pourrois-je point la voir? Hélas! Mademoiselle Javotte, prêtez-moi votre habit jaune que vous mettez tous les jours. Vraiment, dit Mademoiselle Javotte, je suis de cet avis : prêtez votre habit à un vilain Cucendron comme cela : il faudroit que je fusse bien folle. Cendrillon s'attendoit bien à ce refus, & elle en fut bien aise ; car elle auroit été grandement embarrassée si sa sœur eût bien voulu lui prêter son habit. Le lendemain les deux sœurs furent au Bal, & Cendrillon aussi, mais encore plus parée que la premiere fois. Le fils du Roi fut toujours auprès d'elle, & ne cessa de lui conter des douceurs. La jeune Demoiselle ne s'ennuyoit point, & oublia ce que sa Maraine lui avoit recommandé, de sorte qu'elle entendit sonner le premier coup de minuit, lorsqu'elle ne croyoit pas qu'il fût encore onze heures : elle se leva, & s'enfuit aussi légerement qu'auroit fait une biche. Le Prince la suivit; mais il ne put l'attraper; elle laissa tomber une de ses pantoufles de verre, que le Prince ramassa bien soigneusement. Cendrillon arriva chez elle bien essoufflée, sans carosse, sans laquais, & avec ses méchans habits, rien ne lui étant resté de toute sa magnificence, qu'une de ses petites pantoufles, la pareille de celle qu'elle avoit laissé tomber. On demanda aux Gardes de la porte du Palais s'ils n'avoient point vû sortir une Princesse; ils dirent qu'ils n'avoient vu sortir personne, qu'une jeune fille fort mal vêtue, & qui avoit plus l'air d'une Paysanne que d'une Demoiselle. Quand ses deux sœurs revinrent du Bal, Cendrillon leur demanda si elles s'étoient encore bien diverties, & si la belle Dame y avoit été: elles lui dirent que oui, mais qu'elle s'étoit enfuie lorsque minuit avoit sonné, & si promptement, qu'elle avoit laissé tomber une de ses petites pantoufles de verre, la plus jolie du monde; que le fils du Roi l'avoit ramassée, & qu'il n'avoit fait que la regarder pendant tout le reste du Bal, & qu'assurément il étoit fort amoureux de la belle personne à qui appartenoit la petite pantoufle. Elles dirent vrai; car peu de jours après le fils du Roi fit publier à son de trompe, qu'il épouseroit celle dont le pied seroit bien juste à la pantoufle. On commença à l'essayer aux Princesses, ensuite aux Duchesses, & à toute la Cour; mais inutilement: on la porta chez les deux sœurs, qui firent tout leur possible pour faire entrer leur pied dans la pantoufle; mais elles ne purent en venir à bout. Cendrillon, qui les regardoit, & qui reconnut sa pantoufle, dit en riant, que je voye si elle ne me seroit pas bonne: ses sœurs se mirent à rire & à se mocquer d'elle. Le Gentilhomme, qui faisoit l'essai de la pantoufle, ayant regardé attentivement Cendrillon, & la trouvant fort belle, dit que cela étoit fort juste, & qu'il avoit ordre de l'essayer à toutes les filles: il fit asseoir Cendrillon, & approchant la pantoufle de son petit pied, il vit qu'elle y entroit sans peine, & qu'elle y étoit juste comme de cire. L'étonnement des deux sœurs fut grand, mais plus grand encore, quand Cendrillon tira de sa poche l'autre petite pantoufle qu'elle mit à son pied. Là-dessus arriva la Maraine, qui ayant donné un coup de sa baguette sur les habits de Cendrillon, les fit devenir encore plus magnifiques que tous les autres.

Alors ses deux sœurs la reconnurent pour la belle personne qu'elles avoient vûe au Bal. Elles se jetterent à ses pieds, pour lui demander pardon de tous les mauvais traitemens qu'elles lui avoient fait souffrir. Cendrillon

les

les releva, & leur dit en les embrassant, qu'elle leur pardonnoit de bon cœur, & qu'elle les prioit de l'aimer bien toujours. On la mena chez le jeune Prince, parée comme elle étoit: il la trouva encore plus belle que jamais, & peu de jours après il l'épousa. Cendrillon, qui étoit aussi bonne que belle, fit loger ses deux sœurs au Palais, & les maria dès le jour même à deux grands Seigneurs de la Cour.

MORALITÉ.

LA beauté pour le sexe est un rare trésor;
De l'admirer jamais on ne se lasse.
Mais ce qu'on nomme bonne grace,
Est sans prix, & vaut mieux encor.
C'est ce qu'à Cendrillon fit avoir sa Maraine,
En la dressant, en l'instruisant,
Tant & si bien qu'elle en fit une Reine;
Car ainsi sur ce Conte on va moralisant.
Belles, ce don vaut mieux que d'être bien coëffées.
Pour engager un cœur, pour en venir à bout,

La bonne grace est le vrai don des Fées ;
Sans elle on ne peut rien, avec elle on peut tout.

AUTRE MORALITÉ.

C'Est sans doute un grand avantage,
D'avoir de l'esprit, du courage,
De la naissance, du bons sens,
Et d'autres semblables talens,
Qu'on reçoit du Ciel en partage :
Mais vous aurez beau les avoir ;
Pour votre avancement ce seront choses vaines,
Si vous n'avez, pour les faire valoir,
Ou des Parains, ou des Maraines.

S. Fokke fe

RIQUET A LA HOUPE.

CONTE.

IL étoit une fois une Reine qui accoucha d'un fils, si laid & si mal fait, qu'on douta long-tems s'il avoit forme humaine. Une Fée, qui se trouva à sa naissance, assura qu'il ne laisseroit pas d'être aimable, parce qu'il auroit beaucoup d'esprit : elle ajoûta même qu'il pourroit, en vertu du don qu'elle venoit de lui faire, donner autant d'esprit qu'il en auroit, à la personne qu'il aimeroit le mieux. Tout cela consola un peu la pauvre Reine, qui étoit bien affligée d'avoir mis au monde un si vilain Marmot. Il est vrai que cet enfant ne commença pas plûtôt à parler, qu'il dit mille jolies choses, & qu'il avoit dans toutes ses actions je ne sçai quoi de si spirituel, qu'on en étoit charmé. J'oubliois de dire qu'il vint au monde avec une petite houpe de cheveux sur la tête, ce qui fit qu'on le nomma Riquet à la Houpe; car Riquet étoit le nom de la Famille.

Au bout de sept ou huit ans la Reine d'un Royaume voisin accoucha de deux filles; la premiére qui vint au monde étoit plus belle que le jour: la Reine en fut si aise, qu'on appréhenda que la trop grande joie qu'elle en avoit ne lui fit mal. La même Fée qui avoit assisté à la naissance du petit Riquet à la Houpe étoit présente; & pour modérer la joie de la Reine, elle lui déclara que cette petite Princesse n'auroit point d'esprit, & qu'elle seroit aussi stupide qu'elle étoit belle. Cela mortifia beaucoup la Reine: mais elle eut quelques momens après un bien plus grand chagrin; car la seconde fille dont elle accoucha, se trouva

trouva extrêmement laide. Ne vous affligez pas tant, Madame, lui dit la Fée : votre fille sera récompensée d'ailleurs ; & elle aura tant d'esprit, qu'on ne s'appercevra presque pas qu'il lui manque de la beauté. Dieu le veuille, répondit la Reine : mais n'y auroit-il point moyen de faire avoir un peu d'esprit à l'aînée qui est si belle ? je ne puis rien pour elle, Madame, du côté de l'esprit, lui dit la Fée : mais je puis tout du côté de la beauté ; & comme il n'y a rien que je ne veuille faire pour votre satisfaction, je vais lui donner pour don, de pouvoir rendre beau ou belle la personne qui lui plaira. A mesure que ces deux Princesses devinrent grandes, leurs perfections crûrent aussi avec elles ; & on ne parloit par tout que de la beauté de l'aînée & de l'esprit de la cadette. Il est vrai aussi que leurs défauts augmentérent beaucoup avec l'âge. La cadette enlaidissoit à vûe d'œil, & l'aînée devenoit plus stupide de jour en jour : ou elle ne répondoit rien à ce qu'on lui demandoit, ou elle disoit une sotise. Elle étoit avec cela si mal-adroite, qu'elle n'eût pû ranger quatre Porcelaines sur le bord d'une cheminée sans en casser une, ni boire un verre d'eau sans en répandre la moitié sur ses habits. Quoique la beauté soit

ſoit un grand avantage dans une jeune perſonne, cependant la cadette l'emportoit preſque toujours ſur ſon aînée dans toutes les compagnies. D'abord on alloit du côté de la plus belle pour la voir & pour l'admirer : mais bientôt après on alloit à celle qui avoit le plus d'eſprit, pour lui entendre dire mille choſes agréables ; & on étoit étonné, qu'en moins d'un quart-d'heure l'aînée n'avoit plus perſonne auprès d'elle, & que tout le monde s'étoit rangé autour de la cadette. L'aînée, quoique fort ſtupide, le remarqua bien ; & elle eût donné ſans regret toute ſa beauté pour avoir la moitié de l'eſprit de ſa ſœur. La Reine, toute ſage qu'elle étoit, ne put s'empêcher de lui reprocher pluſieurs fois ſa bêtiſe ; ce qui penſa faire mourir de douleur cette pauvre Princeſſe. Un jour qu'elle s'étoit retirée dans un bois pour y plaindre ſon malheur, elle vit venir à elle un petit homme fort déſagréable, mais vêtu très-magnifiquement. C'étoit le jeune Prince Riquet à la Houpe, qui étant devenu amoureux d'elle ſur ſes portraits qui couroient par tout le monde, avoit quitté le Royaume de ſon pere pour avoir le plaiſir de la voir & de lui parler. Ravi de la rencontrer ainſi toute

ſeule

ſeule, il l'aborde avec tout le reſpect & toute la politeſſe imaginables. Ayant remarqué, après lui avoir fait les complimens ordinaires, qu'elle étoit fort mélancolique, il lui dit : Je ne comprens point, Madame, comment une perſonne auſſi belle que vous l'êtes, peut être auſſi triſte que vous le paroiſſez ; car quoique je puiſſe me vanter d'avoir vû une infinité de belles perſonnes, je puis dire que je n'en ai jamais vû dont la beauté approche de la vôtre. Cela vous plaît à dire, Monſieur, lui répondit la Princeſſe ; & en demeura là. La beauté, reprit Riquet à la Houpe, eſt un ſi grand avantage, qu'il doit tenir lieu de tout le reſte ; & quand on le poſſede, je ne vois pas qu'il y ait rien qui puiſſe vous affliger beaucoup. J'aimerois mieux, dit la Princeſſe, être auſſi laide que vous, & avoir de l'eſprit, que d'avoir de la beauté comme j'en ai, & être bête autant que je le ſuis. Il n'y a rien, Madame, qui marque davantage qu'on a de l'eſprit, que de croire n'en pas avoir ; & il eſt de la nature de ce bien-là, que plus on en a, plus on croit en manquer. Je ne ſçai pas cela, dit la Princeſſe : mais je ſçai bien que je ſuis fort bête ; & c'eſt de là que vient le chagrin qui me tue.

Si ce n'eſt que cela, Madame, qui vous afflige, je puis aiſément mettre fin à votre douleur. Et comment ferez-vous, dit la Princeſſe? J'ai le pouvoir, Madame, dit Riquet à la Houpe, de donner de l'eſprit autant qu'on en ſçauroit avoir à la perſonne que je dois aimer le plus; & comme vous êtes, Madame, cette perſonne, il ne tiendra qu'à vous que vous n'ayez autant d'eſprit qu'on en peut avoir, pourvû que vous vouliez bien m'épouſer. La Princeſſe demeura toute interdite, & ne répondit rien. Je vois, reprit Riquet à la Houpe, que cette propoſition vous fait de la peine, & je ne m'en étonne pas; mais je vous donne un an tout entier pour vous y réſoudre. La Princeſſe avoit ſi peu d'eſprit, & en même-tems une ſi grande envie d'en avoir, qu'elle s'imagina que la fin de cette année ne viendroit jamais; de ſorte qu'elle accepta la propoſition qui lui étoit faite. Elle n'eut pas plûtôt promis à Riquet à la Houpe, qu'elle l'épouſeroit dans un an à pareil jour, qu'elle ſe ſentit toute autre qu'elle n'étoit auparavant: elle ſe trouva une facilité incroyable à dire tout ce qui lui plaiſoit, & à le dire d'une maniere fine, aiſée & naturelle. Elle commença dès ce moment une converſation galante, & ſoutenue avec Riquet à la Houpe, où elle babilla d'une telle force, que Riquet à la Houpe crut lui avoir donné plus d'eſprit qu'il ne s'en étoit réſervé pour lui-même. Quand elle fut retournée au Palais, toute la Cour ne ſçavoit que penſer d'un changement ſi ſubit & ſi extraordinaire; car autant qu'on lui avoit oui dire d'impertinences auparavant, autant lui entendoit-on dire de choſes bien ſenſées & infiniment ſpirituelles. Toute la Cour en eut une joie qui ne ſe peut imaginer: il n'y eut que ſa cadette qui n'en fut pas bien aiſe, parce que n'ayant plus ſur ſon aînée l'avantage de l'eſprit, elle ne paroiſſoit plus auprès d'elle qu'une guenon fort déſagréable. Le Roi ſe conduiſoit par ſes avis, & alloit même quelquefois tenir le Conſeil dans ſon appartement. Le bruit de ce changement s'étant répandu, tous les jeunes Princes des Royaumes voiſins firent leurs efforts pour s'en faire aimer, & preſque tous la demanderent en mariage; mais elle n'en trouvoit point qui eût aſſez d'eſprit, & elle les écoutoit tous ſans s'engager à pas un d'eux. Cependant il en vint un ſi puiſſant, ſi riche, ſi ſpirituel & ſi bien fait, qu'elle ne put s'empêcher d'avoir de la bonne volonté

volonté pour lui. Son pere s'en étant apperçu, lui dit qu'il la faisoit la maîtresse sur le choix d'un Epoux, & qu'elle n'avoit qu'à se déclarer. Comme plus on a d'esprit & plus on a de peine à prendre une ferme résolution sur cette affaire, elle demanda, après avoir remercié son pere, qu'il lui donnât du tems pour y penser. Elle alla par hasard se promener dans le même bois où elle avoit trouvé Riquet à la Houpe, pour rêver plus commodément à ce qu'elle avoit à faire. Dans le tems qu'elle se promenoit, rêvant profondément, elle entendit un bruit sourd sous ses pieds, comme de plusieurs personnes qui vont & viennent, & qui agissent. Ayant prêté l'oreille plus attentivement, elle ouit que l'un disoit, apporte-moi cette marmite; l'autre, donne-moi cette chaudiere; l'autre, mets du bois dans ce feu. La terre s'ouvrit dans le même-tems; & elle vit sous ses pieds comme une grande cuisine pleine de Cuisiniers, de Marmitons, & de toutes sortes d'Officiers nécessaires pour faire un festin magnifique. Il en sortit une bande de vingt ou trente Rôtisseurs, qui allerent se camper dans une allée du bois autour d'une table fort longue, & qui tous la

lardoire

lardoire à la main, & la queuë de renard ſur l'oreille, ſe mirent à travailler en cadence au ſon d'une chanſon harmonieuſe. La Princeſſe étonnée de ce ſpectacle, leur demanda pour qui ils travailloient. C'eſt, Madame, lui répondit le plus apparent de la bande, pour le Prince Riquet à la Houpe, dont les nôces ſe feront demain. La Princeſſe encore plus ſurpriſe qu'elle ne l'avoit été, & ſe reſſouvenant tout à coup qu'il y avoit un an qu'à pareil jour, elle avoit promis d'épouſer le Prince Riquet à la Houpe, elle penſa tomber de ſon haut. Ce qui faiſoit qu'elle ne s'en ſouvenoit pas, c'eſt que quand elle fit cette promeſſe, elle étoit une bête, & qu'en prenant le nouvel eſprit que le Prince lui avoit donné, elle avoit oublié toutes ſes ſotiſes. Elle n'eut pas fait trente pas en continuant ſa promenade, que Riquet à la Houpe ſe préſenta à elle, brave, magnifique, & comme un Prince qui va ſe marier. Vous me voyez, dit-il, Madame, exact à tenir ma parole; & je ne doute point que vous ne veniez ici pour exécuter la vôtre, & me rendre, en me donnant la main, le plus heureux de tous les hommes. Je vous avouerai franchement, répondit la Princeſſe, que je n'ai pas encore pris ma résolution là-dessus, & que je ne crois pas pouvoir jamais la prendre telle que vous la souhaitez. Vous m'étonnez, Madame, lui dit Riquet à la Houpe. Je le crois, dit la Princesse; & assurément si j'avois affaire à un brutal, à un homme sans esprit, je me trouverois bien embarrassée. Une Princesse n'a que sa parole, me diroit-il; & il faut que vous m'épousiez, puisque vous me l'avez promis: mais comme celui à qui je parle est l'homme du monde qui a le plus d'esprit, je suis sûre qu'il entendra raison. Vous sçavez que quand je n'étois qu'une bête, je ne pouvois néanmoins me résoudre à vous épouser: comment voulez-vous, qu'ayant l'esprit que vous m'avez donné, qui me rend encore plus difficile en gens que je n'étois, je prenne aujourd'hui une résolution que je n'ai pû prendre dans ce tems-là? Si vous pensiez tout de bon à m'épouser, vous avez eu grand tort de m'ôter ma bêtise, & de me faire voir plus clair que je ne voyois. Si un homme sans esprit, répondit Riquet à la Houpe, seroit bien reçu, comme vous venez de le dire, à vous reprocher votre manque de parole, pourquoi voulez-vous, Madame, que je n'en n'en uſe pas de même dans une choſe où il y va de tout le bonheur de ma vie ? eſt-il raiſonnable que les perſonnes qui ont de l'eſprit, ſoient d'une pire condition que ceux qui n'en ont pas ? le pouvez-vous prétendre, vous qui en avez tant, & qui avez tant ſouhaité d'en avoir ? Mais venons au fait, s'il vous plaît. A la réſerve de ma laideur, y a-t'il quelque choſe en moi qui vous déplaiſe ? Etes-vous mal contente de ma naiſſance, de mon eſprit, de mon humeur & de mes manieres ? Nullement, répondit la Princeſſe ; j'aime en vous tout ce que vous venez de me dire. Si cela eſt ainſi, reprit Riquet à la Houpe, je vais être heureux, puiſque vous pouvez me rendre le plus aimable de tous les hommes. Comment cela ſe peut-il faire, lui dit la Priceſſe ? Cela ſe fera, répondit Riquet à la Houpe, ſi vous m'aimez aſſez pour ſouhaiter que cela ſoit ; & afin Madame, que vous n'en doutiez pas, ſçachez que la même Fée, qui au jour de ma naiſſance, me fit le don de pouvoir rendre ſpirituelle la perſonne qu'il me plairoit, vous a auſſi fait le don de pouvoir rendre beau celui que vous aimerez, & à qui vous voudrez bien faire cette faveur. Si la choſe eſt ainſi, dit la Princesse, je souhaite de tout mon cœur que vous deveniez le Prince du monde le plus aimable; & je vous en fais le don autant qu'il est en moi. La Princesse n'eut pas plûtôt prononcé ces paroles, que Riquet à la Houpe parut à ses yeux l'homme du monde le plus beau, le mieux fait, & le plus aimable qu'elle eût jamais vû. Quelques-uns assurent que ce ne furent point les charmes de la Fée qui opérerent, mais que l'amour seul fit cette métamorphose. Ils disent que la Princesse ayant fait réfléxion sur la persévérance de son amant, sur sa discrétion, & sur toutes les bonnes qualités de son ame & de son esprit, ne vit plus la difformité de son corps ni la laideur de son visage; que sa bosse ne lui sembla plus que le bon air d'un homme qui fait le gros dos; & qu'au lieu que jusqu'alors elle l'avoit vû boitter effroyablement, elle ne lui trouva plus qu'un certain air panché qui la charmoit. Ils disent encore que ses yeux, qui étoient louches, ne lui en parurent que plus brillans; que leur déréglement passa dans son esprit pour la marque d'un violent excès d'amour; & qu'enfin son gros nés rouge eut pour elle quelque chose de martial & d'héroïque. Quoiqu'il en soit, la

Princesse

Princeſſe lui promit ſur le champ de l'épouſer, pourvû qu'il en obtint le conſentement du Roi ſon pere. Le Roi ayant ſçu que ſa fille avoit beaucoup d'eſtime pour Riquet à la Houpe, qu'il connoiſſoit d'ailleurs pour un Prince très-ſpirituel & très-ſage, le reçut avec plaiſir pour ſon gendre. Dès le lendemain les nôces furent faites, ainſi que Riquet à la Houpe l'avoit prévû, & ſelon les ordres qu'il en avoit donnés longtems auparavant.

MORALITÉ.

CE que l'on voit dans cet Ecrit,
Est moins un Conte en l'air que la vérité même :
Tout est beau dans ce que l'on aime,
Tout ce qu'on aime a de l'esprit.

AUTRE MORALITÉ.

DAns un objet où la nature,
Aura mis de beaux traits, & la vive peinture
D'un teint où jamais l'Art ne sçauroit arriver,
Tous ces dons pourront moins, pour rendre un cœur sensible,
Qu'un seul agrément invisible,
Que l'Amour y fera trouver.

LE PETIT POUCET.

CONTE.

IL étoit une fois un Bucheron & une Bucheronne, qui avoient ſept enfans tous Garçons. L'aîné n'avoit que dix ans, & le plus jeune n'en avoit que ſept. On s'étonnera que le Bucheron ait eu tant d'enfans en ſi peu de tems ; mais c'eſt que ſa femme alloit vîte en beſogne, & n'en faiſoit pas moins que deux à la fois. Ils étoient fort pauvres,

& leurs ſept enfans les incommodoient beaucoup, parce qu'aucun d'eux ne pouvoit encore gagner ſa vie. Ce qui les chagrina encore, c'eſt que le plus jeune étoit fort délicat, & ne diſoit mot, prenant pour bêtiſe ce qui étoit une marque de la bonté de ſon eſprit. Il étoit fort petit, & quand il vint au monde il n'étoit guére plus gros que le pouce; ce qui fit que l'on l'appella le petit Poucet. Ce pauvre enfant étoit le ſouffre-douleurs de la maiſon, & on lui donnoit toûjours le tort. Cependant il étoit le plus fin, & le plus aviſé de tous ſes freres; & s'il parloit peu, il écoutoit beaucoup. Il vint une année très-facheuſe, & la famine fut ſi grande, que ces pauvres gens réſolurent de ſe défaire de leurs enfans. Un ſoir que ces enfans étoient couchés, & que le Bucheron étoit auprès du feu avec ſa femme, il lui dit, le cœur ſerré de douleur: Tu vois bien que nous ne pouvons plus nourrir nos enfans: je ne ſçaurois les voir mourir de faim devant mes yeux, & je ſuis réſolu de les mener perdre demain au Bois, ce qui ſera bien aiſé; car tandis qu'ils s'amuſeront à fagoter, nous n'avons qu'à nous enfuir ſans qu'ils nous voyent. Ah! s'écria la Bucheronne, pourrois-tu bien toi-même mener perdre tes enfans? Son mari

mari avoit beau lui représenter leur grande pauvreté ; elle ne pouvoit y consentir : elle étoit pauvre ; mais elle étoit leur mere. Cependant ayant considéré quelle douleur ce lui seroit de les voir mourir de faim, elle y consentit, & alla se coucher en pleurant. Le petit Poucet ouit tout ce qu'ils dirent ; car ayant entendu de dedans son lit qu'ils parloient d'affaires, il s'étoit levé doucement, & s'étoit glissé sous l'escabelle de son pere pour les écouter sans être vû. Il alla se recoucher, & ne dormit point du reste de la nuit, songeant à ce qu'il avoit à faire. Il se leva de bon matin, & alla au bord d'un ruisseau où il remplit ses poches de petits cailloux blancs, & ensuite revint à la maison. On partit, & le petit Poucet ne découvrit rien de tout ce qu'il sçavoit à ses freres. Ils allerent dans une Forêt fort épaisse, où à dix pas de distance on ne se voyoit pas l'un l'autre. Le Bucheron se mit à couper du bois, & ses enfans à ramasser des broutilles pour faire des fagots. Le Pere & la Mere les voyant occupés à travailler, s'éloignérent d'eux insensiblement, & puis s'enfuirent tout à coup par un petit sentier détourné. Lors que ces enfans se virent seuls, ils se mirent à crier & à pleurer de toute leur force. Le petit Poucet les laissoit crier, sçachant bien par où il reviendroit à la maison ; car en marchant, il avoit laissé tomber le long du chemin les petits cailloux blancs qu'il avoit dans ses poches. Il leur dit donc, ne craignez point, mes freres : mon Pere & ma Mere nous ont laissé ici ; mais je vous remenerai bien au logis, suivez-moi seulement : ils le suivirent, & il les mena jusqu'à leur maison par le même chemin qu'ils étoient venus dans la Forêt. Ils n'osérent d'abord entrer ; mais ils se mirent tous contre la porte, pour écouter ce que disoient leur Pere & leur Mere.

Dans le moment que le Bucheron & la Bucheronne arrivérent chez eux, le Seigneur du Village leur envoya dix écus qu'il leur devoit il y avoit long-tems, & dont ils n'espéroient plus rien. Cela leur redonna la vie ; car les pauvres gens mouroient de faim. Le Bucheron envoya sur l'heure sa femme à la Boucherie. Comme il y avoit long-tems qu'ils n'avoient mangé, elle acheta trois fois plus de viande qu'il n'en falloit pour le soupé de deux personnes. Lorsqu'ils furent rassasiés, la Bucheronne dit : helas ! où sont maintenant nos pauvres enfans ? ils feroient bonne chére de ce qui nous reste-là ; mais aussi

aussi, Guillaume, c'est toi qui les as voulu perdre ; j'avois bien dit que nous nous en repentirions : que font-ils maintenant dans cette Forêt ? Helas ! mon Dieu, les Loups les ont peut-être déja mangés ; tu es bien inhumain d'avoir perdu ainsi tes enfans. Le Bucheron s'impatienta à la fin ; car elle redit plus de vingt fois qu'ils s'en repentiroient, & qu'elle l'avoit bien dit. Il la menaça de la battre si elle ne se taisoit. Ce n'est pas que le Bucheron ne fût peut-être encore plus fâché que sa femme ; mais c'est qu'elle lui rompoit la tête, & qu'il étoit de l'humeur de beaucoup d'autres gens, qui aiment fort les femmes qui disent bien, mais qui trouvent très-importunes celles qui ont toujours bien dit. La Bucheronne étoit toute en pleurs : Helas ! où sont maintenant mes enfans, mes pauvres enfans? Elle le dit une fois si haut que les enfans qui étoient à la porte l'ayant entendue, se mirent à crier tous ensemble, nous voila, nous voila. Elle courut vîte leur ouvrir la porte, & leur dit en les embrassant, que je suis aise de vous revoir, mes chers enfans : vous êtes bien las, & vous avez bien faim ; & toi, Pierrot, comme te voilà crotté : vien que je te débarbouille. Ce Pierrot étoit son fils aîné qu'elle aimoit plus que tous les autres, parce qu'il étoit un peu rousseau, & qu'elle étoit un peu rousse. Ils se mirent à Table, & mangérent d'un apétit qui faisoit plaisir au Pere & à la Mere, à qui ils racontoient la peur qu'ils avoient euë dans la Forêt, en parlant presque toujours tous ensemble. Ces bonnes gens étoient ravis de revoir leurs enfans avec eux, & cette joie dura tant que les dix écus durérent ; mais lorsque l'argent fut dépensé, ils retombérent dans leur premier chagrin, & résolurent de les perdre encore ; & pour ne pas manquer le coup, de les mener bien plus loin que la premiere fois. Ils ne purent parler de cela si secrettement, qu'ils ne fussent entendus par le petit Poucet, qui fit son compte de sortir d'affaire comme il avoit déja fait ; mais quoiqu'il se fût levé de bon matin pour aller ramasser des petits cailloux, il ne put en venir à bout ; car il trouva la porte de la maison fermée à double tour. Il ne sçavoit que faire, lorsque la Bucheronne leur ayant donné à chacun un morceau de pain pour leur déjeuné, il songea qu'il pourroit se servir de son pain au lieu de cailloux, en le jettant par miettes le long des chemins où ils passeroient : il le serra donc dans sa poche. Le Pere & la Mere re les menérent dans l'endroit de la Forêt le plus épais & le plus obscur, & dès qu'ils y furent, ils gagnérent un faux-fuyant & les laissérent là. Le petit Poucet ne s'en chagrina pas beaucoup, parce qu'il croyoit retrouver aisément son chemin, par le moyen de son pain qu'il avoit semé par tout où il avoit passé ; mais il fut bien surpris lorsqu'il ne put en retrouver une seule miette : les Oiseaux étoient venus qui avoient tout mangé. Les voilà donc bien affligés ; car plus ils s'égaroient, & plus ils s'enfonçoient dans la Forêt. La nuit vint, & il s'éleva un grand vent qui leur faisoit des peurs épouventables. Ils croyoient n'entendre de tous côtés que des hurlemens de Loups qui venoient à eux pour les manger. Ils n'osoient presque se parler ni tourner la tête. Il survint une grosse pluye qui les perça jusqu'aux os ; ils glissoient à chaque pas, tomboient dans la boue d'où ils se relevoient tout crottés, ne sçachant que faire de leurs mains. Le petit Poucet grimpa au haut d'un Arbre pour voir s'il ne découvriroit rien : ayant tourné la tête de tous côtés, il vit un petite lueur comme d'une chandelle, mais qui étoit bien loin par de-là la Forêt. Il descendit de l'Arbre ; & lorsqu'il fut à terre il ne vit plus rien : cela le désola. Cependant ayant marché quelque tems avec ses freres du côté qu'il avoit vû la lumiére, il la revit en sortant du Bois. Ils arrivérent enfin à la maison où étoit cette chandelle, non sans bien des frayeurs ; car souvent ils la perdoient de vûe, ce qui leur arrivoit toutes les fois qu'il descendoient dans quelques fonds. Ils heurtérent à la porte, & une bonne femme vint leur ouvrir. Elle leur demanda ce qu'ils vouloient ; le petit Poucet lui dit, qu'ils étoient de pauvres enfans qui s'étoient perdus dans la Forêt, & qui demandoient à coucher par charité. Cette femme les voyant tous si jolis, se mit à pleurer, & leur dit : Helas ! mes pauvres enfans, où êtes-vous venus ? sçavez-vous bien que c'est ici la maison d'un Ogre qui mange les petits enfans ? Helas ! Madame, lui répondit le petit Poucet, qui trembloit de toute sa force aussi bien que ses freres, que ferons-nous ? il est bien sûr que les Loups de la Forêt ne manqueront pas de nous manger cette nuit, si vous ne voulez pas nous retirer chez vous ; & cela étant, nous aimons mieux que ce soit Monsieur qui nous mange : peut-être qu'il aura pitié de nous, si vous voulez bien l'en prier. La femme de l'Ogre qui crut

crut qu'elle pourroit les cacher à son mari jusqu'au lendemain matin, les laissa entrer, & les mena se chauffer auprès d'un bon feu; car il y avoit un Mouton tout entier à la broche pour le soupé de l'Ogre. Comme ils commençoient à se chauffer, ils entendirent heurter trois ou quatre grands coups à la porte : c'étoit l'Ogre qui revenoit. Aussitôt sa femme les fit cacher sous le lit, & alla ouvrir la porte. L'Ogre demanda d'abord si le soupé étoit prêt & si on avoit tiré du vin, & aussitôt se mit à table. Le Mouton étoit encore tout sanglant; mais il ne lui en sembla que meilleur. Il fleuroit à droite & à gauche, disant qu'il sentoit la chair fraîche. Il faut, lui dit sa femme, que ce soit ce Veau que je viens d'habiller que vous sentiez. Je sens la chair fraîche, te dis-je encore une fois, reprit l'Ogre, en regardant sa femme de travers; & il y a ici quelque chose que je n'entens pas : en disant ces mots il se leva de Table, & alla droit au lit. Ah, dit-il, voilà donc comme tu veux me tromper, maudite femme! je ne sçais à quoi il tient que je ne te mange aussi : bien t'en prend d'être une vieille bête. Voila du Gibier qui me vient bien à propos pour traiter trois Ogres de mes amis qui doivent me venir voir ces jours-ici. Il les tira de dessous le lit l'un après l'autre. Ces pauvres enfans se mirent à genoux en lui demandant pardon ; mais ils avoient affaire au plus cruel de tous les Ogres, qui bien loin d'avoir de la pitié les dévoroit déja des yeux, & disoit à sa femme, que ce seroient-là de friands morceaux lorsqu'elle leur auroit fait une bonne sausse. Il alla prendre un grand coûteau, & en approchant de ces pauvres enfans, il l'aiguisoit sur une longue pierre qu'il tenoit à sa main gauche. Il en avoit déja empoigné un, lorsque sa femme, lui dit : que voulez-vous faire à l'heure qu'il est ? n'aurez-vous pas assez de tems demain ? Tai-toi, reprit l'Ogre ; ils en seront plus mortifiés. Mais vous avez encore tant de viande, reprit sa femme : voilà un Veau, deux Moutons & la moitié d'un Cochon. Tu as raison, dit l'Ogre : donne-leur bien à souper afin qu'ils ne maigrissent pas, & va les mener coucher. La bonne femme fut ravie de joye, & leur porta bien à souper ; mais ils ne purent manger, tant ils étoient saisis de peur. Pour l'Ogre il se remit à boire, ravi d'avoir dequoi si bien régaler ses Amis. Il but une douzaine de coups plus qu'à l'ordinaire ; ce qui lui donna un peu dans la tête, & l'obligea de s'aller coucher. L'O-

L'Ogre avoit ſept filles qui n'étoient encore que des enfans. Ces petites Ogreſſes avoient toutes le teint fort beau, parce qu'elles mangeoient de la chair fraîche comme leur pere; mais elles avoient de petits yeux gris & tout ronds, le nés crochu, & une fort grande bouche avec de longues dents fort aiguës & fort éloignées l'une de l'autre. Elles n'étoient pas encore fort méchantes; mais elles promettoient beaucoup, car elles mordoient déja les petits enfans pour en ſuccer le ſang. On les avoit fait coucher de bonne heure; & elles étoient toutes ſept dans un grand lit, ayant chacune une Couronne d'or ſur la tête. Il y avoit dans la même chambre un autre lit de la même grandeur: ce fut dans ce lit que la femme de l'Ogre mit coucher les ſept petits garçons; après quoi elle s'alla coucher auprès de ſon mari. Le petit Poucet qui avoit remarqué que les filles de l'Ogre avoient des Couronnes d'or ſur la tête, & qui craignoit qu'il ne prît à l'Ogre quelque remords de ne les avoir pas égorgés dès le ſoir même, ſe leva vers le milieu de la nuit, & prenant les bonnets de ſes freres & le ſien, il alla tout doucement les mettre ſur la tête des ſept filles de l'Ogre, après leur avoir ôté leurs Couronnes d'or, qu'il mit ſur la tête de ſes freres & de la ſienne, afin que l'Ogre les prît pour ſes filles, & ſes filles pour les garçons qu'il vouloit égorger. La choſe réuſſit comme il l'avoit penſé ; car l'Ogre s'étant éveillé ſur le minuit, eut regret d'avoir différé au lendemain ce qu'il pouvoit exécuter la veille. Il ſe jetta donc bruſquement hors du lit, & prenant ſon grand couteau, allons voir, dit-il, comment ſe portent nos petits drôles ; n'en faiſons pas à deux fois : il monta donc à tâtons à la chambre de ſes filles, & s'approcha du lit où étoient les petits garçons, qui dormoient tous excepté le petit Poucet, qui eut bien peur lorſqu'il ſentit la main de l'Ogre, qui lui tâtoit la tête, comme il avoit tâté celle de tous ſes freres. L'Ogre qui ſentit les Couronnes d'or : Vraiment, dit-il, j'allois faire là un bel ouvrage ; je vois bien que je bus trop hier au ſoir. Il alla enſuite au lit de ſes filles, où ayant ſenti les petits bonnets des garçons : Ah ! les voilà, dit-il, nos gaillards ; travaillons hardiment : en diſant ces mots, il coupa ſans balancer la gorge à ſes ſept filles. Fort content de cette expédition, il alla ſe recoucher auprès de ſa femme. Auſſitôt que le petit Poucet entendit

dit ronfler l'Ogre, il réveilla ses freres, & leur dit de s'habiller promtement & de le suivre. Ils descendirent doucement dans le Jardin, & sauterent par-dessus les murailles. Ils coururent presque toute la nuit, toujours en tremblant & sans sçavoir où ils alloient. L'Ogre s'étant éveillé dit à sa femme, va-t-en là-haut habiller ces petits drôles de hier au soir. L'Ogresse fut fort étonnée de la bonté de son mari, ne se doutant point de la maniere qu'il entendoit qu'elle les habillât, & croyant qu'il lui ordonnoit de les aller vêtir : elle monta en haut, où elle fut bien surprise lorsqu'elle apperçut ses sept filles égorgées & nageant dans leur sang. Elle commença par s'évanouir (car c'est le premier expédient que trouvent presque toutes les femmes en pareilles rencontres.) L'Ogre craignant que sa femme ne fût trop long-tems à faire la besogne dont il l'avoit chargée, monta en haut pour lui aider. Il ne fut pas moins étonné que sa femme, lorsqu'il vit cet affreux spectacle. Ah! qu'ai-je fait là, s'écria-t-il ? ils me le payeront les malheureux, & tout à l'heure. Il jetta aussitôt une potée d'eau dans le nés de sa femme, & l'ayant fait revenir : donne-moi vîte mes bottes de sept lieues,

lui

lui dit-il, afin que j'aille les attraper. Il se mit en campagne, & après avoir couru de tous côtés, enfin il entra dans le chemin où marchoient ces pauvres enfans, qui n'étoient plus qu'à cent pas du logis de leur pere. Ils virent l'Ogre qui alloit de montagne en montagne, & qui traversoit des rivieres aussi aisément qu'il auroit fait le moindre ruisseau. Le petit Poucet qui vit un rocher creux proche le lieu où ils étoient, y fit cacher ses six freres, & s'y fourra aussi, regardant toujours ce que l'Ogre deviendroit. L'Ogre qui se trouvoit fort las du long chemin qu'il avoit fait inutilement, (car les bottes de sept lieues fatiguent fort leur homme,) voulut se reposer, & par hazard il alla s'asseoir sur la roche où les petits garçons s'étoient cachés. Comme il n'en pouvoit plus de fatigue, il s'endormit après s'être reposé quelque tems, & vint à ronfler si effroyablement, que les pauvres enfans n'en eurent pas moins de peur que quand il tenoit son grand couteau pour leur couper la gorge. Le petit Poucet en eut moins de peur, & dit à ses freres de s'enfuir promtement à la maison pendant que l'Ogre dormoit bien fort, & qu'ils ne se missent point en peine de lui. Ils crurent son conseil

&

& gagnerent vîte la maiſon. Le petit Poucet s'étant approché de l'Ogre, lui tira doucement ſes bottes, & les mit auſſitôt : les bottes étoient fort grandes & fort larges ; mais comme elles étoient Fées, elles avoient le don de s'agrandir & de s'appetiſſer ſelon la jambe de celui qui les chauſſoit, de ſorte qu'elles ſe trouverent auſſi juſtes à ſes pieds & à ſes jambes, que ſi elles avoient été faites pour lui. Il alla droit à la maiſon de l'Ogre, où il trouva ſa femme qui pleuroit auprès de ſes filles égorgées. Votre mari, lui dit le petit Poucet, eſt en grand danger ; car il a été pris par une troupe de Voleurs, qui ont juré de le tuer, s'il ne leur donne tout ſon or & tout ſon argent. Dans le moment qu'ils lui tenoient le poignard ſur la gorge, il m'a apperçu, & m'a prié de vous venir avertir de l'état où il eſt, & de vous dire de me donner tout ce qu'il a vaillant ſans en rien retenir, parce qu'autrement ils le tueront ſans miſéricorde. Comme la choſe preſſe beaucoup, il a voulu que je priſſe ſes bottes de ſept lieues que voilà pour faire diligence, & auſſi afin que vous ne croyiez pas que je ſois un affronteur. La bonne femme fort effrayée lui donna auſſitôt tout ce qu'elle avoit ; car cet Ogre ne

laiſſoit

laiſſoit pas d'être fort bon mari, quoiqu'il mangeât les petits enfans. Le petit Poucet étant donc chargé de toutes les richeſſes de l'Ogre, s'en revint au logis de ſon pere, où il fut reçu avec bien de la joie.

Il y a bien des gens qui ne demeurent pas d'accord de cette derniere circonſtance, & qui prétendent que le petit Poucet n'a jamais fait ce vol à l'Ogre; qu'à la vérité il n'avoit pas fait conſcience de lui prendre ſes bottes de ſept lieues, parce qu'il ne s'en ſervoit que pour courir après les petits enfans. Ces gens-là aſſurent le ſçavoir de bonne part, & même pour avoir bû & mangé dans la maiſon du Bucheron. Ils aſſurent que lorſque le petit Poucet eut chauſſé les bottes de l'Ogre, il s'en alla à la Cour, où il ſçavoit qu'on étoit fort en peine d'une armée, qui étoit à deux cens lieues de là, & du ſuccès d'une bataille qu'on avoit donnée. Il alla, diſent-ils, trouver le Roi, & lui dit que s'il le ſouhaitoit, il lui rapporteroit des nouvelles de l'Armée avant la fin du jour. Le Roi lui promit une groſſe ſomme d'argent s'il en venoit à bout. Le petit Poucet rapporta des nouvelles dès le ſoir même; & cette premiere courſe l'ayant fait connoître, il gagnoit

tout

tout ce qu'il vouloit : car le Roi le payoit parfaitement bien pour porter ses Ordres à l'Armée ; & une infinité de Dames lui donnoient tout ce qu'il vouloit pour avoir des nouvelles de leurs Amans, & ce fut-là son plus grand gain. Il se trouvoit quelques femmes qui le chargeoient de lettres pour leurs maris ; mais elles le payoient si mal, & cela alloit à si peu de chose, qu'il ne daignoit pas mettre en ligne de compte, ce qu'il gagnoit de ce côté-là. Après avoir fait pendant quelque tems le métier de courir, & y avoir amassé beaucoup de bien, il revint chez son pere, où il n'est pas possible d'imaginer la joye qu'on eut de le revoir. Il mit toute sa famille à son aise. Il acheta des Offices de nouvelle création pour son pere & pour ses freres ; & par-là il les établit tous, & fit parfaitement bien sa Cour en même-tems.

MO-

MORALITÉ.

On ne s'afflige point d'avoir beaucoup d'enfans,
Quand ils sont tous beaux, bien-faits & bien grands,
Et d'un extérieur qui brille;
Mais si l'un d'eux est foible, on ne dit mot,
On le méprise, on le raille, on le pille:
Quelquefois, cependant, c'est ce petit marmot
Qui fera le bonheur de toute la famille.

L'ADROITE PRINCESSE, OU LES AVANTURES DE FINETTE.

NOUVELLE.

A Madame la Comtesse

DE MURAT.

VOus faites les plus jolies Nouvelles du monde en vers; mais en vers aussi doux, que naturels : je voudrois

drois bien, charmante Comteſſe, vous en dire une à mon tour; cependant je ne ſçai ſi vous pourrez vous en divertir : je ſuis aujourd'hui de l'humeur du Bourgeois Gentilhomme ; je ne voudrois ni vers, ni proſe pour vous la conter : point de grands mots, point de brillans, point de rimes ; un tour naïf m'accommode mieux ; en un mot un récit ſans façon & comme on parle : je ne cherche que quelque moralité. Mon Hiſtoriette en fournit aſſez ; & par-là elle pourra vous être agréable. Elle roule ſur deux Proverbes, au lieu d'un, c'eſt la mode ; vous les aimez : je m'accommode à l'uſage avec plaiſir. Vous y verrez comment nos ayeux ſçavoient inſinuer qu'on tombe dans mille déſordres, quand on ſe plaît à ne rien faire, ou pour parler comme eux, qu'*Oiſiveté eſt la mere de tous vices* ; & vous aimerez, ſans doute, leur maniére de perſuader. Le ſecond Proverbe eſt, qu'il faut être toujours ſur ſes gardes : vous voyez bien que je veux dire, que la *Défiance eſt la mere de Sûreté.*

Non, l'Amour ne triomphe guéres,
Que des cœurs qui n'ont point d'affaires.
Vous, qui craignez que d'un adroit vainqueur

Votre

Votre raiſon ne devienne la dupe ;
Beautés, ſi vous voulez conſerver votre cœur,
Il faut que votre eſprit s'occupe.
Mais ſi malgré vos ſoins, votre ſort eſt d'aimer,
Gardez du moins de vous laiſſer charmer,
Sans connoître
Celui que votre cœur ſe veut donner pour maitre.
Craignez les Blondins doucereux
Qui fatiguent les ruelles,
Et ne ſçachant que dire aux Belles
Soupirent ſans être amoureux.
Défiez-vous des Conteurs de fleurettes ;
Connoiſſez bien le fond de leurs eſprits ;
Auprès de toutes les Iris
Ils débitent mille ſornettes.
Défiez-vous enfin de ces bruſques Amans,
Qui ſe diſent en feu dès les premiers momens,
Et jurent une vive flame ;
Mocquez-vous de ces vains ſermens :
Pour bien aſſujettir une ame
Il faut qu'il en coute du tems.
Gardez qu'un peu de complaiſance
Ne déſarme trop tôt votre auſtére fierté ;
De votre juſte défiance
Dépend votre repos & votre ſûreté.

Mais je n'y ſonge pas, Madame; j'ai fait des vers : au lieu de m'en tenir au goût de Monſieur Jourdain, j'ai rimé ſur le ton de Quinaut : je reprens le tour ſimple au plus vîte, de peur d'avoir part aux vieilles haines qu'on eut pour cet agréable Moraliſeur ; & de peur qu'on ne m'accuſe de le piller & de le mettre en piéces, comme tant d'Auteurs impitoyables font tous les jours.

Du tems des premieres Croiſades, un Roi de je ne ſçai quel Royaume de l'Europe, ſe réſolut d'aller faire la guerre aux Infidéles dans la Paleſtine. Avant que d'entreprendre un ſi long voyage, il mit un ſi bon ordre aux affaires de ſon Royaume, & il en confia la Régence à un Miniſtre ſi habile, qu'il fut en repos de ce côté-là. Ce qui inquiétoit le plus ce Prince, c'étoit le ſoin de ſa famille. Il avoit perdu la Reine ſon Epouſe depuis aſſez peu de tems : elle ne lui avoit point laiſſé de fils ; mais il ſe voyoit pere de trois jeunes Princeſſes à marier. Ma Chronique ne m'a point appris leur véritable nom ; je ſçai ſeulement, que comme en ces tems heureux la ſimplicité des peuples donnoit ſans façon des ſurnoms aux perſonnes éminentes, ſuivant leurs bonnes qualités, ou leurs défauts, on avoit ſurnommé

surnommé l'aînée de ces Princesses, *Nonchalante*, ce qui signifie Indolente en stile moderne, la seconde, *Babillarde*, & la troisiéme, *Finette*: noms qui avoient tous un juste rapport aux caractéres de ces trois Sœurs.

Jamais on n'a rien vu de si indolent qu'étoit Nonchalante. Tous les jours elle n'étoit pas éveillée à une heure après midi : on la traînoit à l'Eglise telle qu'elle sortoit de son lit, sa coëffure en désordre, sa robbe détachée, point de ceinture, & souvent une mule d'une façon & une de l'autre. On corrigeoit cette différence durant la journée; mais on ne pouvoit résoudre cette Princesse à être jamais autrement qu'en mules : elle trouvoit une fatigue insupportable à mettre des souliers. Quand Nonchalante avoit dîné, elle se mettoit à sa Toilette, où elle étoit jusqu'au soir : elle employoit le reste de son tems jusqu'à minuit, à jouer & à souper; ensuite on étoit presque aussi long-tems à la deshabiller, qu'on avoit été à l'habiller : elle ne pouvoit jamais parvenir à aller se coucher qu'au grand jour.

Babillarde menoit une autre sorte de vie. Cette Princesse étoit fort vive, & n'employoit que peu de tems pour sa personne; mais elle avoit une envie de parler si étrange, que depuis qu'elle étoit éveillée jusqu'à ce qu'elle fût endormie, la bouche ne lui fermoit pas. Elle sçavoit l'Histoire des mauvais ménages, des liaisons tendres, des galanteries, non seulement de toute la Cour, mais des plus petits Bourgeois. Elle tenoit registre de toutes les femmes, qui exerçoient certaines rapines dans leur domestique, pour se donner une parure plus éclatante ; & étoit informée précisément de ce que gagnoit la suivante de la Comtesse une telle & le Maître d'Hôtel du Marquis un tel. Pour être instruite de toutes ces petites choses, elle écoutoit sa Nourrice & sa Couturiére avec plus de plaisir qu'elle n'auroit fait un Ambassadeur ; & ensuite elle étourdissoit de ces belles Histoires, depuis le Roi son pere jusqu'à ses valets de pied : car pourvû qu'elle parlât, elle ne se soucioit pas à qui. La démangeaison de parler produisit encore un autre mauvais effet chez cette Princesse. Malgré son grand rang, ses airs trop familiers donnerent la hardiesse aux Blondins de la Cour de lui débiter des douceurs. Elle écouta leurs fleurettes sans façon, pour avoir le plaisir de leur répondre ; car à quelque prix que ce fût, il falloit, que du matin au soir,

soir, elle écoutât ou caquetât. Babillarde, non plus que Nonchalante, ne s'occupoit jamais, ni à penser, ni à faire aucune réfléxion, ni à lire; elle s'embarrassoit aussi peu d'aucun soin domestique, ni des amusemens que produit l'aiguille & le fuseau. Enfin ces deux sœurs, dans une éternelle oisiveté, ne faisoient jamais agir ni leur esprit, ni leur main.

La sœur cadette de ces deux Princesses étoit d'un caractére bien différent. Elle agissoit incessamment de l'esprit & de sa personne: elle avoit une vivacité surprenante, & elle s'appliquoit à en faire un bon usage. Elle sçavoit parfaitement bien danser, chanter, jouer des instrumens; réussissoit avec une adresse admirable à tous les petits travaux de la main, qui amusent d'ordinaire les personnes de son sexe; mettoit l'ordre & la regle dans la Maison du Roi, & empêchoit, par ses soins, les pilleries des petits Officiers: car dès ce tems-là ils se mêloient de voler les Princes.

Ses talens ne se bornoient pas là: elle avoit beaucoup de jugement, & une présence d'esprit si merveilleuse, qu'elle trouvoit sur le champ des moyens pour sortir de toutes sortes d'affaires. Cette jeune Princesse avoit découvert par ſa pénétration, un piége dangéreux, qu'un Ambaſſadeur de mauvaiſe foi avoit tendu au Roi ſon pere dans un Traité, que ce Prince étoit tout prêt de ſigner. Pour punir la perfidie de cet Ambaſſadeur & de ſon Maître, le Roi changea l'article du Traité, & en le mettant dans les termes que lui avoit inſpirés ſa fille, il trompa à ſon tour le trompeur même. La jeune Princeſſe découvrit encore un tour de fourberie, qu'un Miniſtre vouloit jouer au Roi; & par le conſeil qu'elle donna à ſon pere, il fit retomber l'infidélité de cet homme-là ſur lui-même. La Princeſſe donna en pluſieurs autres occaſions des marques de ſa pénétration & de ſa fineſſe d'eſprit; elle en donna tant, que le peuple lui donna le ſurnom de Finette. Le Roi l'aimoit beaucoup plus que ſes autres filles; & il faiſoit un ſi grand fonds ſur ſon bon ſens, que s'il n'avoit point eu d'autre enfant qu'elle, il ſeroit parti ſans inquiétude : mais il ſe défioit autant de la conduite de ſes autres filles, qu'il ſe repoſoit ſur celle de Finette. Ainſi pour être sûr des démarches de ſa famille, comme il ſe croyoit sûr de celles de ſes ſujets, il prit les meſures que je vais dire.

Vous, qui êtes ſi ſçavante dans toutes

ces ſortes d'antiquités, je ne doute pas, Comteſſe charmante, que vous n'ayez cent fois entendu parler du merveilleux pouvoir des Fées. Le Roi dont je vous parle, étant ami intime d'une de ces habiles femmes, alla trouver cette amie : il lui repréſenta l'inquiétude où il étoit touchant ſes filles. Ce n'eſt pas, lui dit ce Prince, que les deux aînées dont je m'inquiéte, ayent jamais fait la moindre choſe contre leur devoir : mais elles ont ſi peu d'eſprit, elles ſont ſi imprudentes, & vivent dans une ſi grande déſoccupation, que je crains, que pendant mon abſence, elles n'aillent s'embarraſſer dans quelque folle intrigue pour trouver de quoi s'amuſer. Pour Finette, je ſuis sûr de ſa vertu ; cependant je la traiterai comme les autres, pour faire tout égal : c'eſt pourquoi, ſage Fée, je vous prie de me faire trois quenouilles de verre pour mes filles, qui ſoient faites avec un tel art, que chaque quenouille ne manque point de ſe caſſer, ſi-tôt que celle à qui elle appartiendra, fera quelque choſe contre ſa gloire.

Comme cette Fée étoit des plus habiles, elle donna à ce Prince trois quenouilles enchantées, & travaillées avec tous les ſoins néceſſaires pour le deſſein qu'il avoit : mais il ne fut pas content de cette précaution. Il mena les Princesses dans une Tour fort haute, qui étoit bâtie dans un lieu bien désert. Le Roi dit à ses filles, qu'il leur ordonnoit de faire leur demeure dans cette Tour pendant tout le tems de son absence, & qu'il leur défendoit d'y recevoir aucune personne que ce fût. Il leur ôta tous leurs Officiers de l'un & de l'autre sexe, & après leur avoir fait présent des quenouilles enchantées dont il leur expliqua les qualités, il embrassa les Princesses, & ferma les portes de la Tour, dont il prit lui-même les clefs ; puis il partit.

Vous allez peut-être croire, Madame, que ces Princesses étoient là en danger de mourir de faim. Point du tout : on avoit eu soin d'attacher une poulie à une des fenêtres de la Tour ; & on y avoit mis une corde, à laquelle les Princesses attachoient un corbillon, qu'elles descendoient chaque jour. Dans ce corbillon on mettoit leurs provisions pour la journée ; & quand elles l'avoient remonté, elles retiroient avec soin la corde dans la chambre.

Nonchalante & Babillarde menoient dans cette solitude une vie qui les désespéroit : elles s'ennuyoient à un point qu'on qu'on ne ſçauroit exprimer ; mais il falloit prendre patience : car on leur avoit fait la quenouille ſi terrible, qu'elles craignoient que la moindre démarché un peu équivoque ne la fît caſſer.

Pour Finette, elle ne s'ennuyoit point du tout : ſon fuſeau, ſon aiguille, & ſes Inſtrumens de Muſique lui fourniſſoient des amuſemens ; & outre cela, par l'ordre du Miniſtre qui gouvernoit l'Etat, on mettoit dans le corbillon des Princeſſes, des lettres, qui les informoient de tout ce qui ſe paſſoit au-dedans & au-dehors du Royaume. Le Roi l'avoit permis ainſi, & le Miniſtre, pour faire ſa Cour aux Princeſſes, ne manquoit pas d'être exact ſur cet article. Finette liſoit toutes ces nouvelles avec empreſſement, & s'en divertiſſoit. Pour ſes deux ſœurs, elles ne daignoient pas y prendre la moindre part : elles diſoient qu'elles étoient trop chagrines, pour avoir la force de s'amuſer de ſi peu de choſes ; il leur falloit au moins des cartes, pour ſe deſennuyer pendant l'abſence de leur pere.

Elles paſſoient donc ainſi triſtement leur vie en murmurant contre leur deſtin ; & je crois qu'elles ne manquerent pas de dire, *qu'il vaut mieux être né heureux, que d'être né fils de Roi*. Elles étoient

étoient ſouvent aux fenêtres de leur Tour, pour voir du moins ce qui ſe paſſeroit dans la campagne. Un jour, comme Finette étoit occupée dans ſa chambre à quelque joli ouvrage, ſes ſœurs qui étoient à la fenêtre, virent au pied de leur Tour une pauvre femme vêtue de haillons déchirés, qui leur crioit ſa miſere fort pathétiquement. Elle les prioit à mains jointes de la laiſſer entrer dans leur Château, leur repréſentant qu'elle étoit une malheureuſe Etrangére qui ſçavoit mille ſortes de choſes, & qu'elle leur rendroit ſervice avec la plus exacte fidélité. D'abord les Princeſſes ſe ſouvinrent de l'ordre qu'avoit donné le Roi leur pere, de ne laiſſer entrer perſonne dans la Tour : mais Nonchalante étoit ſi laſſe de ſe ſervir elle-même, & Babillarde ſi ennuyée de n'avoir que ſes ſœurs à qui parler, que l'envie qu'eut l'une d'être coëffée en détail, & l'empreſſement qu'eut l'autre d'avoir une perſonne de plus pour jaſer, les engagea à ſe réſoudre de laiſſer entrer la pauvre Etrangére.

Penſez-vous, dit Babillarde à ſa ſœur, que la défenſe du Roi s'étende ſur des gens comme cette malheureuſe ? Je crois que nous la pouvons recevoir ſans conſéquence. Vous ferez ce qu'il vous plai-

ra.

ra, ma sœur, répondit Nonchalante. Babillarde qui n'attendoit que ce consentement, descendit aussi-tôt le corbillon : la pauvre femme se mit dedans, & les Princesses la montérent avec le secours de la poulie.

Quand cette femme fut devant leurs yeux, l'horrible malpropreté de ses habits les dégoûta : elles voulurent lui en donner d'autres ; mais elle leur dit qu'elle en changeroit le lendemain, & que pour l'heure qu'il étoit, elle alloit songer à les servir. Comme elle achevoit de parler, Finette revint de sa chambre. Cette Princesse fut étrangement surprise de voir cette inconnue avec ses sœurs : elles lui dirent pour quelles raisons elles l'avoient fait monter ; & Finette, qui vit que c'étoit une chose faite, dissimula le chagrin qu'elle eut de cette imprudence.

Cependant la nouvelle officiére des Princesses fit cent tours dans le Château, sous prétexte de leur service ; mais en effet pour observer la disposition du dedans. Car, Madame, je ne sçai si vous ne vous en doutez point déja ; mais cette gueuse prétendue étoit aussi dangereuse dans le Château que le fut le Comte Ory dans le Couvent, où il entra déguisé en Abbesse fugitive.

Pour ne vous pas tenir davantage en suspens, je vous dirai que cette créature couverte de haillons, étoit le fils aîné d'un Roi puissant, voisin du pere des Princesses. Ce jeune Prince, qui étoit un des plus artificieux esprits de son tems, gouvernoit entierement le Roi son pere; & il n'avoit pas besoin de beaucoup de finesse pour cela: car ce Roi étoit d'un caractére si doux & si facile, qu'on lui en avoit donné le surnom de *Moult-benin*. Pour le jeune Prince, comme il n'agissoit que par artifices & par détours, les peuples l'avoient surnommé *Riche-en-cautelle*, & pour abréger, on disoit *Riche-cautelle*.

Il avoit un frere cadet qui étoit aussi rempli de belles qualités, que son aîné l'étoit de défauts: cependant malgré la différence d'humeurs, on voyoit entre ces deux freres une union si parfaite, que tout le monde en étoit surpris. Outre les bonnes qualités de l'ame qu'avoit le Prince cadet, la beauté de son visage & la grace de sa personne, étoient si remarquables, qu'elles l'avoient fait nommer *Bel-à-voir*. C'étoit le Prince Riche-cautelle qui avoit inspiré à l'Ambassadeur du Roi son pere ce trait de mauvaise foi, que l'adresse de Finette avoit fait tomber sur eux.

Riche-

Riche-cautelle, qui n'aimoit déja guéres le Roi, pere des Princesses, avoit achevé par-là de le prendre en aversion ; ainsi quand il sçut les précautions que ce Prince avoit prises à l'égard de ses filles, il se fit un pernicieux plaisir de tromper la prudence d'un pere si soupçonneux. Riche-cautelle obtint permission du Roi son pere d'aller faire voyage sous des prétextes qu'il inventa ; & il prit des mesures qui le firent parvenir à entrer dans la Tour des Princesses comme vous avez vû.

En examinant le Château, ce Prince remarqua qu'il étoit facile aux Princesses de se faire entendre des passans ; & il en conclut qu'il devoit rester dans son déguisement pendant tout le jour, parce qu'elles pourroient bien, si elles s'en avisoient, appeller du monde & le faire punir de son entreprise téméraire. Il conserva donc toute la journée les habits & le personnage d'une gueuse de profession ; & le soir, lorsque les trois sœurs eurent soupé, Riche-cautelle jetta les haillons qui le couvroient, & laissa voir des habits de Cavalier tout couverts d'or & de pierreries. Les pauvres Princesses furent si épouvantées de cette vue, que toutes se mirent à fuir avec précipitation. Finette & Babillarde de, qui étoient agiles, eurent bientôt gagné leur chambre : mais Nonchalante, qui avoit à peine l'usage de marcher, fut en un instant atteinte par le Prince.

Aussi-tôt il se jetta à ses pieds, lui déclara qui il étoit, & lui dit que la réputation de sa beauté & ses portraits l'avoient engagé à quitter une Cour délicieuse, pour lui venir offrir ses vœux & sa foi. Nonchalante fut d'abord si éperdue, qu'elle ne pouvoit répondre au Prince, qui étoit toujours à genoux : mais comme en lui disant mille douceurs & lui faisant mille protestations, il la conjuroit avec ardeur de le recevoir pour Epoux dès ce moment-là même ; sa molesse naturelle ne lui laissant pas la force de disputer, elle dit nonchalamment à Riche-cautelle qu'elle le croyoit sincére, & qu'elle acceptoit sa foi. Elle n'observa pas de plus grandes formalités que celles-là dans la conclusion de ce mariage ; mais aussi elle en perdit sa quenouille : elle se brisa en mille morceaux.

Cependant Babillarde & Finette étoient dans des inquiétudes étranges. Elles avoient gagné séparément leurs chambres, & elles s'y étoient enfermées. Ces chambres étoient assez éloignées

gnées l'une de l'autre ; & comme chacune de ces Princeſſes ignoroit entierement le deſtin de ſes ſœurs, elles paſſerent la nuit ſans fermer l'œil. Le lendemain le pernicieux Prince mena Nonchalante dans un appartement bas qui étoit au bout du jardin ; & là cette Princeſſe témoigna à Riche-cautelle l'inquiétude où elle étoit de ſes ſœurs, quoiqu'elle n'osât ſe préſenter devant elles, dans la crainte qu'elles ne blâmaſſent fort ſon mariage. Le Prince lui dit qu'il ſe chargeoit de le leur faire approuver ; & après quelques diſcours il ſortit, & enferma Nonchalante ſans qu'elle s'en apperçût : enſuite il ſe mit à chercher les Princeſſes avec ſoin. Il fut quelque tems ſans pouvoir découvrir dans quelles chambres elles étoient enfermées. Enfin l'envie qu'avoit Babillarde de toujours parler, étant cauſe que cette Princeſſe parloit toute ſeule en ſe plaignant, le Prince s'approcha de la porte de ſa chambre, & la vit par le trou de la ſerrure.

Riche-cautelle lui parla au travers de la porte, & lui dit, comme il avoit dit à ſa ſœur, que c'étoit pour lui offrir ſon cœur & ſa foi qu'il avoit fait l'entrepriſe d'entrer dans la Tour. Il louoit avec exagération ſa beauté & ſon eſprit ;

&

& Babillarde, qui étoit très-persuadée qu'elle possédoit un mérite extrême, fut assez folle pour croire ce que le Prince lui disoit : elle lui répondit un flux de paroles, qui n'étoient pas trop désobligeantes. Il falloit que cette Princesse eût une étrange fureur de parler, pour s'en acquitter comme elle faisoit dans ces momens ; car elle étoit dans un abattement terrible : outre qu'elle n'avoit rien mangé de la journée, par la raison qu'il n'y avoit rien dans sa chambre propre à manger. Comme elle étoit d'une paresse extrême, & qu'elle ne songeoit jamais à rien qu'à toujours parler, elle n'avoit pas la moindre prévoyance : quand elle avoit besoin de quelque chose, elle avoit recours à Finette ; & cette aimable Princesse, qui étoit aussi laborieuse & prévoyante que ses sœurs l'étoient peu, avoit toujours dans sa chambre une infinité de massepains, de pâtes & de confitures séches & liquides qu'elle avoit fait elle-même. Babillarde donc, qui n'avoit pas un pareil avantage, se sentant pressée par la faim & par les tendres protestations que lui faisoit le Prince au travers de la porte, l'ouvrit enfin à ce séducteur ; & quand elle eut ouvert, il fit encore parfaitement le Comédien auprès

d'elle :

d'elle : il avoit bien étudié son rôle.

Ensuite ils sortirent tous deux de cette chambre, & s'en allerent à l'Office du Château, où ils trouverent toutes sortes de rafraîchissemens ; car le corbillon en fournissoit toujours les Princesses d'avance. Babillarde continuoit d'abord à être en peine de ce qu'étoient devenues ses sœurs ; mais elle s'alla mettre dans l'esprit, sur je ne sçai quel fondement, qu'elles étoient sans doute toutes deux enfermées dans la chambre de Finette, où elles ne manquoient de rien. Riche-cautelle fit tous ses efforts pour la confirmer dans cette pensée, & lui dit, qu'ils iroient trouver ces Princesses vers le soir. Elle ne fut pas de cet avis ; elle répondit, qu'il falloit les aller chercher quand ils auroient mangé.

Enfin le Prince & la Princesse mangérent ensemble de fort bon accord ; & après qu'ils eurent achevé, Riche-cautelle demanda à aller voir le bel appartement du Château : il donna la main à la Princesse, qui le mena dans ce lieu ; & quand il y fut, il recommença à exagérer la tendresse qu'il avoit pour elle, & les avantages qu'elle trouveroit en l'épousant. Il lui dit, comme il avoit dit à Nonchalante, qu'elle devoit

voit accepter sa foi au moment même, parce que si elle alloit trouver ses sœurs avant que de l'avoir reçu pour Epoux, elles ne manqueroient pas de s'y opposer, puisqu'étant sans contredit le plus puissant Prince voisin, il paroissoit plus vraisemblablement un parti pour l'aînée que pour elle; qu'ainsi cette Princesse ne consentiroit jamais à une union qu'il souhaitoit avec toute l'ardeur imaginable. Babillarde, après bien des discours qui ne signifioient rien, fut aussi extravagante qu'avoit été sa sœur: elle accepta le Prince pour Epoux, & ne se souvint des effets de sa quenouille de verre, qu'après que cette quenouille fut cassée en cent piéces.

Vers le soir Babillarde retourna dans sa chambre avec le Prince; & la premiere chose que vit cette Princesse, ce fut sa quenouille de verre en morceaux. Elle se troubla à ce spectacle: le Prince lui demanda le sujet de son trouble. Comme la rage de parler la rendoit incapable de rien taire, elle dit sottement à Riche-cautelle le mystére des quenouilles; & ce Prince eut une joie de scélérat, de ce que le pere des Princesses seroit par-là entierement convaincu de la mauvaise conduite de ses filles.

Cependant

Cependant Babillarde n'étoit plus en humeur d'aller chercher ses sœurs ; elle craignoit avec raison qu'elles ne pussent approuver sa conduite : mais le Prince s'offrit de les aller trouver, & dit, qu'il ne manqueroit pas de moyens pour les persuader de l'approuver. Après cette assurance, la Princesse, qui n'avoit point dormi la nuit, s'assoupit ; & pendant qu'elle dormoit Riche-cautelle l'enferma à la clef, comme il avoit fait Nonchalante.

N'est-il pas vrai, belle Comtesse, que ce Riche-cautelle étoit un grand scélérat, & ces deux Princesses de lâches & imprudentes personnes ? Je suis fort en colére contre tous ces gens-là, & je ne doute pas que vous n'y soyez beaucoup aussi : mais ne vous inquiétez point ; ils seront tous traités comme ils méritent. Il n'y aura que la sage & courageuse Finette qui triomphera.

Quand ce Prince perfide eut enfermé Babillarde, il alla dans toutes les chambres du Château les unes après les autres ; & comme il les trouva toutes ouvertes, il conclut qu'une seule, qu'il voyoit fermée par dedans, étoit assurément celle où s'étoit retirée Finette. Comme il avoit composé une Harangue

gue circulaire, il s'en alla débiter à la porte de Finette les mêmes choſes qu'il avoit dites à ſes ſœurs. Mais cette Princeſſe qui n'étoit pas une dupe comme ſes aînées, l'écouta aſſez long-tems ſans lui répondre. Enfin voyant qu'il étoit éclairci qu'elle étoit dans cette chambre, elle lui dit, que s'il étoit vrai qu'il eût une tendreſſe auſſi forte & auſſi ſincére pour elle qu'il vouloit le lui perſuader, elle le prioit de deſcendre dans le jardin, & d'en fermer la porte ſur lui, & qu'après elle lui parleroit tant qu'il voudroit par la fenêtre de ſa chambre, qui donnoit ſur ce jardin.

Riche-cautelle ne voulut point accepter ce parti; & comme la Princeſſe s'opiniâtroit toujours à ne point vouloir ouvrir, ce méchant Prince, outré d'impatience, alla querir une buche & enfonça la porte. Il trouva Finette armée d'un gros marteau, qu'on avoit laiſſé par haſard dans une garderobe qui étoit proche de ſa chambre. L'émotion animoit le teint de cette Princeſſe; & quoique ſes yeux fuſſent pleins de colere, elle parut à Riche-cautelle d'une beauté à enchanter. Il voulut ſe jetter à ſes pieds; mais elle lui dit fiérement en ſe reculant: Prince, ſi vous approchez de moi, je vous fendrai la tête

avec

avec ce marteau. Quoi! belle Princesse, s'écria Riche-cautelle de son ton d'hypocrite, l'amour qu'on a pour vous s'attire une si cruelle haine? Il se mit à lui prôner de nouveau, mais d'un bout de la chambre à l'autre, l'ardeur violente que lui avoit inspiré la réputation de sa beauté & de son esprit merveilleux. Il ajoûta, qu'il ne s'étoit déguisé que pour venir lui offrir avec respect son cœur & sa main, & lui dit qu'elle devoit pardonner à la violence de sa passion la hardiesse qu'il avoit euë d'enfoncer sa porte. Il finit en lui voulant persuader, comme il avoit fait à ses sœurs, qu'il étoit de son intérêt de le recevoir pour Epoux au plus vîte. Il dit encore à Finette, qu'il ne sçavoit pas où s'étoient retirées les Princesses ses sœurs, parce qu'il ne s'étoit pas mis en peine de les chercher, n'ayant songé qu'à elle. L'adroite Princesse, feignant de se radoucir, lui dit qu'il falloit chercher ses sœurs, & qu'après on prendroit des mesures tous ensemble: mais Riche-cautelle lui répondit, qu'il ne pouvoit se résoudre à aller trouver les Princesses, qu'elle n'eût consenti à l'épouser, parce que ses sœurs ne manqueroient pas de s'y opposer, à cause de leur droit d'aînesse.

Finette,

Finette, qui se défioit avec raison de ce Prince perfide, sentit redoubler ses soupçons par cette réponse : elle trembla de ce qui pouvoit être arrivé à ses sœurs, & se résolut de les vanger du même coup qui lui feroit éviter un malheur pareil à celui qu'elle jugeoit qu'elles avoient eu. Cette jeune Princesse dit donc à Riche-cautelle, qu'elle consentoit sans peine à l'épouser : mais qu'elle étoit persuadée que les mariages qui se faisoient le soir étoient toûjours malheureux ; qu'ainsi elle le prioit de remettre la Cérémonie, de se donner une foi réciproque, au lendemain matin. Elle ajoûta, qu'elle l'assuroit de n'avertir les Princesses de rien, & lui dit qu'elle le prioit de la laisser un peu de tems seule pour penser au Ciel ; qu'ensuite elle le meneroit dans une chambre où il trouveroit un fort bon lit, & qu'après elle reviendroit s'enfermer chez elle jusqu'au lendemain.

Riche-cautelle qui n'étoit pas un fort courageux personnage, & qui voyoit toûjours Finette armée du gros marteau, dont elle badinoit comme on fait d'un éventail, Riche-cautelle, dis-je, consentit à ce que souhaitoit la Princesse, & se retira pour la laisser quelque tems méditer. Il ne fut pas plûtôt éloigné

gné que Finette cousut faire un lit sur le trou d'un Egout qui étoit dans une chambre du Château. Cette chambre étoit aussi propre qu'une autre : mais on jettoit dans le trou de cet égout qui étoit fort spacieux, toutes les ordures du Château. Finette mit sur ce trou deux bâtons croisés très-foibles ; puis elle fit bien proprement un lit par dessus, & s'en retourna aussi-tôt dans sa chambre. Un moment après Riche-cautelle y revint, & la Princesse le conduisit où elle venoit de faire le lit, & se retira. Le Prince, sans se deshabiller, se jetta sur le lit avec précipitation ; & sa pesanteur ayant fait tout d'un coup rompre les petits bâtons, il tomba au fond de l'Egout, sans pouvoir se retenir, en se faisant vingt bosses à la tête, & en se fracassant de tous côtés. La chute du Prince fit un grand bruit dans le tuyau ; d'ailleurs il n'étoit pas éloigné de la chambre de Finette ; elle sçut aussi-tôt que son artifice avoit eu tout le succès qu'elle s'étoit promis, & elle en ressentit une joye secrette qui lui fut extrêmement agréable. On ne peut pas décrire le plaisir qu'elle eut de l'entendre barboter dans l'égout. Il méritoit bien cette punition ; & la Princesse avoit raison d'en être satisfaite.

Mais

Mais sa joie ne l'occupoit pas si fort, qu'elle ne pensât plus à ses sœurs. Son premier soin fut de les chercher. Il lui fut facile de trouver Babillarde. Riche-cautelle après avoir enfermé cette Princesse à double tour, avoit laissé la clef à sa chambre. Finette entra dans cette chambre avec empressement, & le bruit qu'elle fit réveilla sa sœur en sursaut. Elle fut bien confuse en la voyant. Finette lui raconta de quelle maniere elle s'étoit défaite du Prince fourbe qui étoit venu pour les outrager. Babillarde fut frappée de cette nouvelle comme d'un coup de foudre : car malgré son caquet elle étoit si peu éclairée, qu'elle avoit crû ridiculement tout ce que Riche-cautelle lui avoit dit. Il y a encore des dupes comme celle-là au monde. Cette Princesse dissimulant l'excès de sa douleur, sortit de sa chambre pour aller avec Finette chercher Nonchalante. Elles parcoururent toutes les chambres du Château sans trouver leur sœur : enfin Finette s'avisa qu'elle pouvoit bien être dans l'apartement du Jardin. Elles l'y trouvérent en effet demi morte de désespoir & de foiblesse ; car elle n'avoit pris aucune nourriture de la journée. Les Princesses lui donnerent tous les secours nécessaires ; ensuite

suite elles firent ensemble des éclaircissemens qui mirent Nonchalante & Babillarde dans une douleur mortelle : puis toutes trois s'allérent reposer.

Cependant Riche-cautelle passa la nuit fort mal à son aise ; & quand le jour fut venu, il ne fut guéres mieux. Ce Prince se trouvoit dans des Cavernes dont il ne pouvoit pas voir toute l'horreur, parce que le jour n'y donnoit jamais. Néanmoins à force de se tourmenter, il trouva l'issuë de l'égout, qui donnoit dans une Riviére assez éloignée du Château. Il trouva moyen de se faire entendre à des gens qui pêchoient dans cette Riviere, dont il fut tiré dans un état qui fit compassion à ces bonnes gens.

Il se fit transporter à la Cour du Roi son Pere pour se guérir à loisir ; & la disgrace qui lui étoit arrivée lui fit prendre une si forte haine contre Finette, qu'il songea moins à se guérir qu'à se venger d'elle.

Cette Princesse passoit des momens bien tristes : la gloire lui étoit mille fois plus chére que la vie ; & la honteuse foiblesse de ses sœurs la mettoit dans un désespoir dont elle avoit peine à se rendre maîtresse. Cependant la mauvaise santé de ces deux Princesses qui étoit caufée par les fuites de leurs mariages indignes, mit encore la conftance de Finette à l'épreuve. Riche-cautelle, qui étoit déja un habile fourbe, rapella tout fon efprit depuis fon avanture pour devenir fourbiffime. L'Egout, ni les contufions, ne lui donnoient pas tant de chagrin, que le dépit d'avoir trouvé quelqu'un plus fin que lui. Il fe douta des fuites de fes deux mariages ; & pour tenter les Princeffes malades, il fit porter fous les fenêtres de leur Château de grandes caiffes remplies d'arbres tous chargés de beaux fruits. Nonchalante & Babillarde qui étoient fouvent aux fenêtres, ne manquerent pas de voir ces fruits : auffi-tôt il leur prit une envie violente d'en manger ; & elles perfécuterent Finette de defcendre dans le Corbillon pour en aller cueillir. La complaifance de cette Princeffe fut affez grande pour vouloir bien contenter fes fœurs : elle defcendit, & leur rapporta de ces beaux fruits, qu'elles mangerent avec la derniére avidité.

Le lendemain il parut des fruits d'une autre efpéce. Nouvelle envie des Princeffes : nouvelle complaifance de Finette ; mais des Officiers de Riche-cautelle cachés ; & qui avoient manqué leur coup la premiere fois, ne le manqué-

rent

rent pas celle-ci : ils se saisirent de Finette, & l'emmenerent aux yeux de ses sœurs qui s'arrachoient les cheveux de désespoir.

Les Satellites de Riche-cautelle firent si bien, qu'ils menerent Finette dans une maison de campagne où étoit le Prince pour achever de se remettre en santé. Comme il étoit transporté de fureur contre cette Princesse, il lui dit cent choses brutales, à quoi elle répondit toûjours avec une fermeté & une grandeur d'ame digne d'une Héroïne comme elle étoit. Enfin après l'avoir gardée quelques jours prisonniere, il la fit conduire au sommet d'une montagne extrêmement haute ; & il y arriva lui-même un moment après elle. Dans ce lieu il lui annonça qu'on l'alloit faire mourir d'une maniere qui le vengeroit des tours qu'elle lui avoit faits. Ensuite ce perfide Prince montra barbarement à Finette un Tonneau tout hérissé par dedans de canifs, de rasoirs & de cloux à crochet, & lui dit que pour la punir comme elle méritoit, on l'alloit jetter dans ce Tonneau, puis le rouler du haut de la montagne en bas. Quoique Finette ne fût pas Romaine, elle ne fut pas plus effrayée du supplice qu'on lui préparoit, que Régulus l'avoit été autrefois à la vûe d'un destin pareil.

Cette jeune Princesse conserva toute sa fermeté, & même toute sa présence d'esprit. Riche-cautelle, au lieu d'admirer son caractére héroique, en prit une nouvelle rage contre elle, & songea à hâter sa mort. Dans cette vûe il se baissa vers l'entrée du Tonneau, qui devoit être l'instrument de sa vengeance, pour examiner s'il étoit bien fourni de toutes ses armes meurtriéres. Finette qui vit son Persécuteur attentif à regarder, ne perdit point de tems ; elle le jetta habilement dans le Tonneau, & elle le fit rouler du haut de la montagne en bas, sans donner au Prince le tems de se reconnoître. Après ce coup elle prit la fuite, & les Officiers du Prince, qui avoient vû avec une extrême douleur la maniére cruelle dont leur Maître vouloit traiter cette aimable Princesse, n'eurent garde de courir après elle pour l'arrêter. D'ailleurs ils étoient si effrayés de ce qui venoit d'arriver à Riche-cautelle, qu'ils ne purent songer à autre chose qu'à tâcher d'arrêter le Tonneau qui rouloit avec violence : mais leurs soins furent inutiles ; il roula jusqu'au bas de la montagne, & ils en tirérent leur Prince couvert de mille playes.

L'accident de Riche-cautelle mit au désespoir le Roi Moult-benin & le Prince Bel-

Bel-à-voir. Pour les Peuples de leurs Etats, ils n'en furent point touchés. Riche-cautelle en étoit très-haï; & même l'on s'étonnoit de ce que le jeune Prince qui avoit des sentimens si nobles & si généreux, pût tant aimer cet indigne aîné. Mais tel étoit le bon naturel de Bel-à-voir qu'il s'attachoit fortement à tous ceux de son sang; & Riche cautelle avoit toujours eu l'adresse de lui témoigner tant d'amitié, que ce généreux Prince n'auroit jamais pû se pardonner de n'y pas répondre avec vivacité. Bel-à-voir eut donc une douleur violente des blessures de son frere, & il mit tout en usage pour tâcher de les guérir promptement: cependant malgré les soins empressés que tout le monde en prit, rien ne soulageoit Riche-cautelle; au contraire, ses playes sembloient toûjours s'envenimer de plus en plus, & le faire souffrir long tems.

Finette, après s'être dégagée de l'effroyable danger qu'elle avoit couru, avoit encore regagné heureusement le Château où elle avoit laissé ses sœurs; & n'y fut pas long-tems sans être livrée à de nouveaux chagrins. Les deux Princesses mirent au monde chacune un fils, dont Finette se trouva fort embarassée. Cependant le courage de cette Princesse ne s'abbatit point : l'envie qu'elle eut de cacher la honte de ses sœurs la fit résoudre à s'exposer encore une fois, quoiqu'elle en vît bien le péril. Elle prit pour faire réussir le dessein qu'elle avoit, toutes les mesures que la prudence peut inspirer. Elle se déguisa en homme : enferma les enfans de ses sœurs dans des Boëtes ; & elle y fit de petits trous vis-à-vis la bouche de ces enfans, pour leur laisser la respiration. Elle prit un cheval : emporta ces Boëtes & quelques autres ; & dans cet équipage elle arriva à la Ville Capitale du Roi Moult-benin, où étoit Riche-cautelle.

Quand Finette fut dans cette Ville, elle apprit que la maniere magnifique dont le Prince Bel-à-voir récompensoit les remédes qu'on donnoit à son frere, avoit attiré à la Cour tous les Charlatans de l'Europe. Car dès ce tems-là il y avoit quantité d'avanturiers sans emploi, sans talent, qui se donnoient pour des hommes admirables, qui avoient reçû des dons du Ciel, pour guérir toutes sortes de maux. Ces gens, dont la seule science étoit de fourber hardiment, trouvoient toûjours beaucoup de croyance parmi les Peuples. Ils sçavoient leur imposer par leur extérieur extraordinaire, & par les noms bizarres qu'ils pre-

prenoient. Ces sortes de Médecins ne restent jamais dans le lieu de leur naissance, & la prérogative de venir de loin, souvent leur tient lieu de mérite chez le vulgaire.

L'ingénieuse Princesse, bien informée de tout cela, se donna un nom parfaitement étranger pour ce Royaume-là : ce nom étoit Sanatio ; puis elle fit annoncer de tous côtés que le Chevalier Sanatio étoit arrivé avec des secrets merveilleux, pour guérir toutes sortes de blessures les plus dangereuses & les plus envenimées. Aussi-tôt Bel-à-voir envoya querir le prétendu Chevalier. Finette vint ; fit le Médecin empirique le mieux du monde ; débita cinq ou six mots de l'art d'un air Cavalier : rien n'y manquoit. Cette Princesse fut surprise de la bonne mine & des maniéres agréables de Bel-à-voir ; & après avoir raisonné quelque-tems avec ce Prince au sujet des blessures de Riche-cautelle, elle dit qu'elle alloit querir une bouteille d'une eau incomparable, & que cependant elle laissoit deux Boëtes qu'elle avoit apportées, qui contenoient des onguents excellens, propres au Prince blessé.

Là-dessus le prétendu Médecin sortit ; il ne revenoit point : l'on s'impatientientoit beaucoup de le voir tant tarder. Enfin, comme on alloit envoyer le presser de revenir, on entendit des cris de petits enfans dans la chambre de Riche-cautelle. Cela surprit tout le monde; car il ne paroissoit point d'enfans. Quelqu'un prêta l'oreille; & on découvrit que ces cris venoient des Boëtes de l'Empirique.

C'étoient en effet les neveux de Finette. Cette Princesse leur avoit fait prendre beaucoup de nourriture avant que de venir au Palais: mais comme il y avoit déja long-tems, ils en souhaitoient de nouvelle; & ils expliquoient leurs besoins en chantant sur un ton dolent. On ouvrit les Boetes, & l'on fut fort surpris d'y voir bien effectivement deux Marmots qu'on trouva fort jolis. Riche-cautelle se douta aussi-tôt que c'étoit encore un nouveau tour de Finette: il en conçut une fureur qu'on ne peut pas dire, & ses maux en augmentérent à un tel point, qu'on vit bien qu'il falloit qu'il en mourût.

Bel-à-voir en fut pénétré de douleur; & Riche-cautelle, perfide jusqu'à son dernier moment, songea à abuser de la tendresse de son frere. Vous m'avez toûjours aimé, Prince, lui dit-il, & vous pleurez ma perte. Je n'ai plus besoin

besoin des preuves de votre amitié par rapport à la vie. Je meurs : mais si je vous ai été véritablement cher, promettez-moi de m'accorder la priére que je vais vous faire.

Bel-à-voir qui dans l'état où il voyoit son frere se sentoit incapable de lui rien refuser, lui promit avec les plus terribles sermens de lui accorder tout ce qu'il lui demanderoit. Aussi-tôt que Riche-cautelle eut entendu ces sermens, il dit à son frere en l'embrassant : Je meurs consolé, Prince, puisque je serai vangé. Car la priére que j'ai à vous faire, c'est de demander Finette en mariage aussi-tôt que je serai mort. Vous obtiendrez sans doute cette maligne Princesse, & dès qu'elle sera en votre pouvoir, vous lui plongerez un poignard dans le sein. Bel-à-voir frémit d'horreur à ces mots : il se repentit de l'imprudence de ses sermens ; mais il n'étoit plus tems de se dédire, & il ne voulut rien témoiger de son repentir à son frere, qui expira peu de tems aprês. Le Roi Moult-benin en eut une sensible douleur. Pour son Peuple, loin de regretter Riche-cautelle, il fut ravi que sa mort assurât la succession du Royaume à Bel-à-voir, dont le mérite étoit chéri de tout le monde.

Finette qui étoit encore une fois heureusement retournée avec ses sœurs, apprit bien-tôt la mort de Riche-cautelle ; & peu de tems après on annonça aux trois Princesses le retour du Roi leur pere. Ce Prince vint avec empressement dans leur Tour, & son premier soin fut de demander à voir les Quenoüilles de verre. Nonchalante alla querir la Quenoüille de Finette, la montra au Roi ; puis ayant fait une profonde révérence, elle reporta la Quenoüille où elle l'avoit prise. Babillarde fit le même manége, & Finette à son tour apporta sa Quenoüille : mais le Roi qui étoit soupçonneux, voulut voir les trois Quenoüilles à la fois. Il n'y eut que Finette qui pût montrer la sienne ; & le Roi entra dans une telle fureur contre ses deux filles aînées, qu'il les envoya à l'heure même à la Fée qui lui avoit donné les Quenoüilles, en la priant de les garder toute leur vie auprès d'elle, & de les punir comme elles le méritoient.

Pour commencer la punition des Princesses, la Fée les mena dans une galerie de son Château enchanté, où elle avoit fait peindre l'Histoire d'un nombre infini de Femmes illustres, qui s'étoient rendues célébres par leurs vertus ars & par leur vie laborieuse. Par un effet merveilleux de l'art de féerie, toutes ces figures avoient du mouvement & étoient en action depuis le matin jusqu'au soir. On voyoit de tous côtés des trophées & des devises à la gloire de ces Femmes vertueuses ; & ce ne fut pas une legére mortification pour les deux sœurs, de comparer le triomphe de ces héroines, avec la situation méprisable où leur malheureuse imprudence les avoit réduites. Pour comble de chagrin, la Fée leur dit avec gravité, que si elles s'étoient aussi bien occupées que celles dont elles voyoient les Tableaux, elles ne seroient pas tombées dans les indignes égaremens où elles s'étoient perdues ; mais que l'oisiveté étoit *la mere de tous vices* & la source de tous leurs malheurs. La Fée ajouta, que pour les empêcher de retomber jamais dans des malheurs pareils, & pour leur faire réparer le tems qu'elles avoient perdu, elle alloit les occuper d'une bonne maniere. En effet elle obligea les Princesses de s'employer aux travaux les plus grossiers & les plus vils ; & sans égard pour leur teint, elles les envoyoit cueillir des pois dans ses Jardins & en arracher les mauvaises herbes. Nonchalante ne put résister au dé-

désespoir

ſespoir qu'elle eut de mener une vie ſi peu conforme à ſes inclinations : elle mourut de chagrin & de fatigue. Babillarde qui trouva moyen, quelque tems après, de s'échaper la nuit du Château de la Fée, ſe caſſa la tête contre un arbre,& mourut de cette bleſſure entre les mains des Payſans.

Le bon naturel de Finette lui fit reſſentir une douleur bien vive du deſtin de ſes ſœurs ; & au milieu de ſes chagrins, elle apprit que le Prince Bel-à-voir l'avoit fait demander en mariage au Roi ſon pere, qui l'avoit accordée ſans l'en avertir : car dès ce tems-là l'inclination des parties étoit la moindre choſe que l'on conſidéroit dans les mariages. Finette trembla à cette nouvelle : elle craignoit avec raiſon que la haine que Riche-cautelle avoit pour elle, n'eût paſſé dans le cœur d'un frere dont il étoit ſi chéri ; & elle appréhenda que ce jeune Prince ne voulût l'épouſer pour la ſacrifier à ſon frere. Pleine de cette inquiétude, la Princeſſe alla conſulter la ſage Fée, qui l'eſtimoit autant qu'elle avoit mépriſé Nonchalante & Babillarde.

La Fée ne voulut rien réveler à Finette; elle lui dit ſeulement : Princeſſe, vous êtes ſage & prudente ; vous n'avez pris juſqu'ici des meſures ſi juſtes pour votre

votre conduite, qu'en vous mettant toujours dans l'esprit que *la défiance est mere de sûreté.* Continuez de vous souvenir vivement de l'importance de cette maxime, & vous parviendrez à être heureuse sans le secours de mon art. Finette n'ayant pû tirer d'autre éclaircissement de la Fée, s'en retourna au Palais dans une extrême agitation.

Quelques jours après cette Princesse fut épousée par un Ambassadeur au nom du Prince Bel-à-voir ; & on l'emmena trouver son Epoux dans un équipage magnifique. On lui fit des entrées de même dans les deux premiéres Villes frontiéres du Roi Moult-benin ; & dans la troisiéme elle trouva Bel-à-voir qui étoit venu au devant d'elle par l'ordre de son Pere. Tout le monde étoit surpris de voir la tristesse de ce jeune Prince aux aproches d'un mariage qu'il avoit témoigné souhaiter : le Roi même lui en faisoit la guerre, & l'avoit envoyé malgré lui au devant de la Princesse.

Quand Bel-à-voir la vit, il fut frapé de ses charmes : il lui en fit compliment ; mais d'une maniére si confuse que les deux Cours qui sçavoient combien ce Prince étoit spirituel & galant, crurent qu'il en étoit si vivement touché, qu'à force d'être amoureux il perdoit sa présence

sence d'esprit. Toute la Ville retentissoit de cris de joye, & l'on n'entendoit de tous côtés que des Concerts & des Feux d'artifice. Enfin, après un soupé magnifique, on songea à mener les deux Epoux dans leur appartement.

Finette qui se souvenoit toujours de la maxime que la Fée lui avoit renouvellée dans l'esprit, avoit son dessein en tête. Cette Princesse avoit gagné une de ses femmes, qui avoit la clef du cabinet de l'appartement qu'on lui destinoit; & elle avoit donné ordre à cette femme de porter dans ce cabinet de la paille, une vessie, du sang de mouton & les boyaux de quelques-uns des animaux qu'on avoit mangés au soupé. La Princesse passa dans ce cabinet sous quelque prétexte, & composa une figure de paille dans laquelle elle mit les boyaux & la vessie pleine de sang. Ensuite elle ajusta cette figure en deshabillé de femme & en bonnet de nuit. Lorsque Finette eut achevé cette belle Marionnette, elle alla rejoindre la compagnie, & peu de tems après on conduisit la Princesse & son Epoux dans leur appartement. Quand on eut donné à la Toillette le tems qu'il lui falloit donner, la Dame d'honneur emporta les flambeaux & se retira. Aussitôt Finette jetta la femme de paille dans le lit, & se

cacha

cacha dans un des coins de la chambre.

Le Prince après avoir soupiré deux ou trois fois fort haut, prit son épée & la passa au travers du corps de la prétenduë Finette. Au même moment il sentit le sang ruisseler de tous côtés, & trouva la femme de paille sans mouvement. Qu'ai-je fait, s'écria Bel-à-voir! Quoi! après tant de cruelles agitations! Quoi! après avoir tant balancé si je garderois mes sermens aux dépens d'un crime, j'ai ôté la vie à une charmante Princesse que j'étois né pour aimer! Ses charmes m'ont ravi dès le moment que je l'ai vûe; cependant je n'ai pas eu la force de m'affranchir d'un serment qu'un frere possédé de fureur avoit exigé de moi par une indigne surprise! Ah, Ciel! peut-on songer à vouloir punir une femme d'avoir trop de vertu! Hé bien, Riche-cautelle, j'ai satisfait ton injuste vengeance: mais je vais venger Finette à son tour par ma mort. Oui, belle Princesse, il faut que de la même épée .... A ces mots Finette entendit que le Prince, qui dans son transport avoit laissé tomber son épée, la cherchoit pour se la passer au travers du corps: elle ne voulut pas qu'il fit une telle sotise; ainsi elle lui cria: Prince, je ne suis point morte. Votre bon cœur m'a fait deviner votre re-

repentir; & par une tromperie innocente, je vous ai épargné un crime.

Là-dessus Finette raconta à Bel-à-voir la prévoyance qu'elle avoit eue touchant la femme de paille. Le Prince transporté de joie d'apprendre que la Princesse vivoit, admira la prudence qu'elle avoit en toutes sortes d'occasions, & lui eut une obligation infinie de lui avoir épargné un crime à quoi il ne pouvoit penser sans horreur; & il ne comprenoit pas comment il avoit eu la foiblesse de ne pas voir la nullité des malheureux sermens qu'on avoit exigés de lui par artifice.

Cependant si Finette n'eût pas toujours été bien persuadée que *défiance est mere de sûreté*, elle eût été tuée, & sa mort eût été cause de celle de Bel-à-voir; & puis après on auroit raisonné à loisir sur la bizarrerie des sentimens de ce Prince. Vive la prudence & la présence d'esprit! elles préserverent ces deux Epoux de malheurs bien funestes, pour les réserver à un destin le plus doux du monde. Ils eurent toujours l'un pour l'autre une tendresse extrême, & passerent une longue suite de beaux jours dans une gloire & dans une félicité qu'on auroit peine à bien décrire.

Voilà, Madame, la très-merveilleuse

ſe Hiſtoire de Finette. Je vous avoue que je l'ai brodée, & que je vous l'ai contée un peu au long : mais quand on dit des contes, c'eſt une marque que l'on n'a pas beaucoup d'affaires ; on cherche à s'amuſer, & il me paroît qu'il ne coûte pas plus de les alonger, pour faire durer davantage la converſation. D'ailleurs, il me ſemble que les circonſtances font le plus ſouvent l'agrément de ces Hiſtoires badines. Vous pouvez croire, charmante Comteſſe, qu'il eſt facile de les réduire en abrégé. Je vous aſſure que quand vous voudrez, je vous dirai les avantures de Finette en fort peu de mots. Cependant ce n'eſt pas ainſi que l'on me les racontoit quand j'étois enfant : le récit en duroit au moins une bonne heure.

Je ne doute pas que vous ne ſçachiez que ce Conte eſt très-fameux : mais je ne ſçai ſi vous êtes informée de ce que la tradition nous dit de ſon antiquité. Elle nous aſſure que les Troubadours, ou Conteurs de Provence, ont inventé Finette, bien long-tems devant qu'Abellard, ni le célébre Comte Thibaud de Champagne euſſent produit des Romans. Ces ſortes de Fables renferment une bonne morale. Vous avez remarqué, avec beaucoup de juſteſſe, qu'on fait parfaitement cement bien de les raconter aux enfans, pour leur inspirer l'amour de la vertu. Je ne sçai pas si dans cet âge on vous a parlé de Finette : mais pour moi,

Cent & cent fois ma Gouvernante,
Au lieu de Fables d'animaux,
M'a raconté les traits moraux
De cette Histoire surprenante.
On y voit accablé de maux
Un Prince dangereux qu'une noire malice
Entraîna dans l'horreur du vice.
On y voit naturellement
Que deux imprudentes Princesses,
Qui passoient tous les jours dans de vaines mollesses,
Et tomberent indignement
Dans un affreux égarement,
Reçurent pour le prix de leurs lâches foiblesses
Un promt & juste châtiment.
Mais autant que l'on voit dans cette belle Histoire
Le vice puni, malheureux,
Autant on voit les vertueux
Triomphans & couverts de gloire.
Après mille incidens qu'on ne sçauroit prévoir,
La sage & prudente Finette
Et le généreux Bel-à-voir
Goutent une gloire parfaite.

Oui, ces Contes frapent beaucoup ;
Plus que ne font les faits & du Singe & du Loup.
J'y prenois un plaisir extrême ;
Tous les enfans en font de même :
Mais ces Fables plairont jusqu'aux plus grands esprits,
Si vous voulez, belle Comtesse,
Par vos heureux talens orner de tels récits.
L'antique Gaule vous en presse.
Daignez donc mettre dans leurs jours
Les Contes ingénus, quoique remplis d'adresse,
Qu'ont inventé les Troubadours.
Le sens mystérieux que leur tour enveloppe
Egale bien celui d'Esope.

FIN.

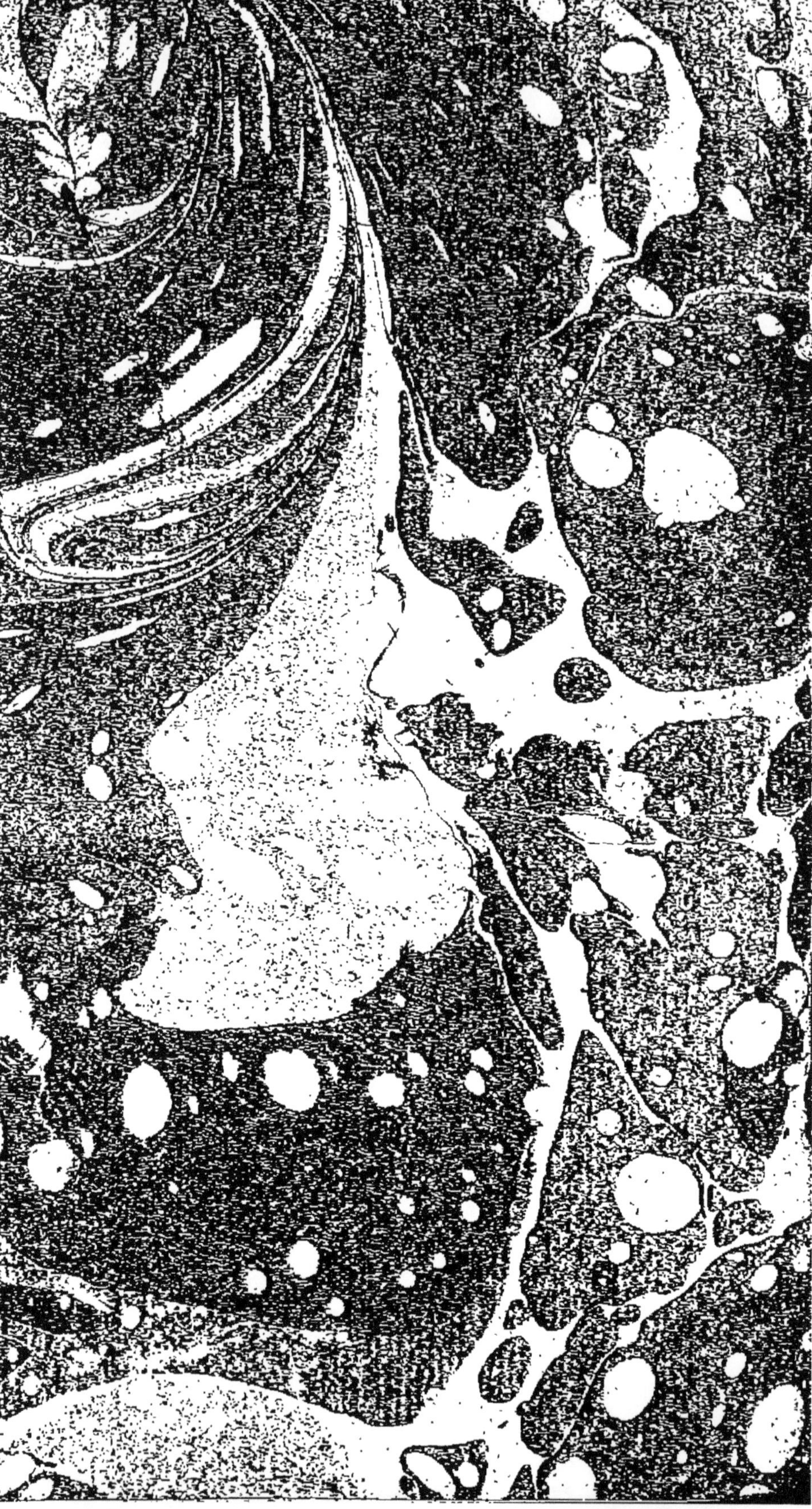

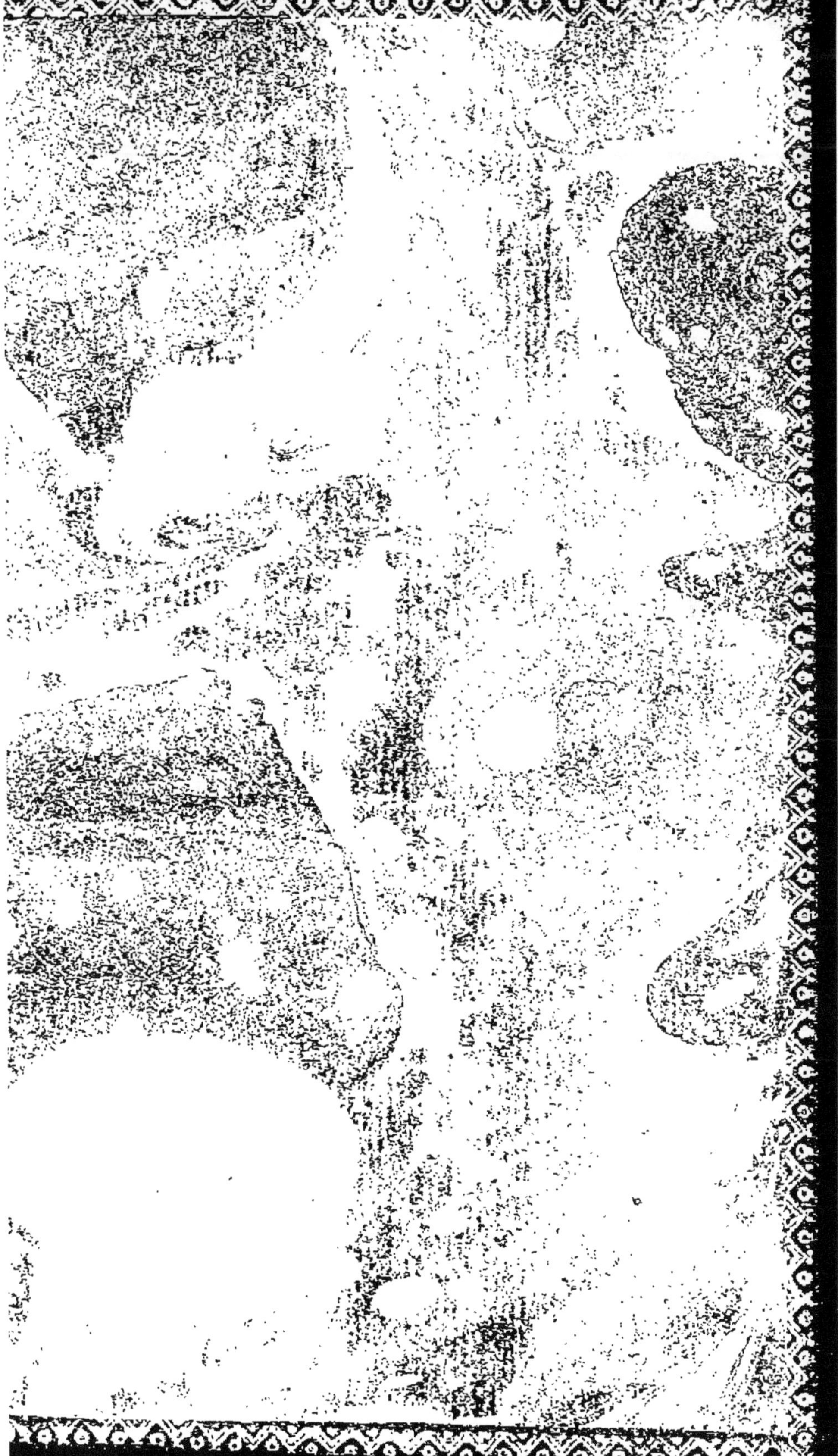

www.ingramcontent.com/pod-product-compliance
Ingram Content Group UK Ltd.
Pitfield, Milton Keynes, MK11 3LW, UK
UKHW012219240726
13966UKWH00003B/856